CDレッスン 驚くほど身につく
韓　国　語

　私事で恐縮ですが、わたしは以前、経験と観察に基づいて日本で生まれ育った韓国の子供がどのように韓国語を習得していくのかをまとめた本を、上梓したことがあります（『韓国の子供はどう韓国語を覚えるか』）。そのとき痛感したことは、子供は理屈ではなく体（目、耳）でことばを覚えていくということと、ことばはものまねから始まるということです。

　2歳の娘は、韓国語の童謡のビデオを繰り返し見ることで、何曲もの歌を瞬く間に覚えてしまいました。もちろん、まだ2歳ですから正確に覚えられるはずはないのですが、赤ちゃんことばでりっぱに歌えるようになったのです。

　それから年に2、3度、娘を韓国に連れて帰ると、滞在ひと月足らずで、みるみるうちにことばを覚えていきます。しかし、日本に戻ると、またみるみる忘れていくのです。それでも、そうしたことを繰り返しているうちに、娘は韓国語を身につけていました。

　大人の語学学習はどうしても頭から、つまり文法からというパターンを抜け出せません。もちろん、子供のような覚え方はできないでしょうが、それでも子供の語学習得に学ぶことは多いと思います。

　さいわい、韓国語は日本語にとてもよく似たことばで、文法的に学習しなければならない点はほとんどありません。要は、いかにたくさんのことばに接し、まねし、身につけるかです。

　本書は、韓国語の初心者がより効率的に学習できるように、5つの章で構成しています。序章でまず、韓国語がどんなことばかをまとめました。第1章は発音のポイント、第2章は日常よく使う表現をまとめています。第3章は文型です。文法学習の必要のない韓国語を覚えるには、1つでも多くの文型を覚えることが大事なポイントとなります。本書では、初心者が知っておくべき基本文型を分かりやすくまとめました。第4章は文章を書く練習です。付録の「単語と役立つ表現集」とともに活用してください。

　前述したように、ことばは目と耳から学ぶものです。CDを繰り返し聴き、発音する練習をしてください。この反復こそが、韓国語を身につける近道なのです。

李蓮玉

本書の使い方

　本書では、旅先での会話をベースに、より自然な韓国語を、文法と共に楽しく学習していきます。添付のCDでは、標準的な韓国語による各レッスンの会話が収録されていますので、くり返し聴くことでしっかりと発音を身につけてください。
　序章「韓国語の基礎知識」から第3章の「応用表現」まで、少しずつ学習レベルをステップアップしていき、第4章ではいろいろな文章の書き方、付録では場面別にまとめた便利な単語と役立つ表現、という構成になっています。

序　章　韓国語の基礎知識

　韓国語とはどのような言語なのか、という基礎的なことについて学びます。

第1章　韓国語の発音

　韓国語の文字（ハングル）の正確な発音について解説しています。

第2章　基本表現

　あいさつ、お礼のことば、時刻や曜日の言い方など、そのまま覚えて使える簡単な表現など、文法の基礎を学習します。

その課のポイント表現
基本中の基本表現なので、そのまま覚えてしまえば役に立つ表現です。

関連表現
会話例に関連した表現を集めてあります。

CDのトラックナンバー
このナンバーに応じて聴きたいレッスンだけを選んで聴くことができます。

会話文
ポイント表現を使った会話例です。ここで会話のバリエーションを増やしましょう。

ポイント
会話例に出てくる単語やフレーズの解説です。

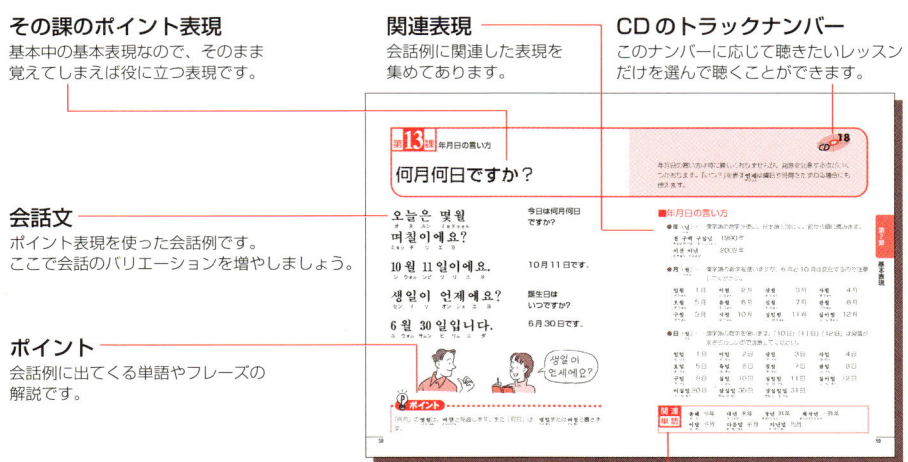

関連単語　その課で学習した表現に関連した単語を集めてあります。

第３章 ● 応用表現

　日本人の亜美が留学先の韓国でいろいろな体験をするという内容です。１課ごとに、会話のページと、その会話の文法的なくわしい解説のページ「これでもっと通じる！」で構成されています。

会話のページ

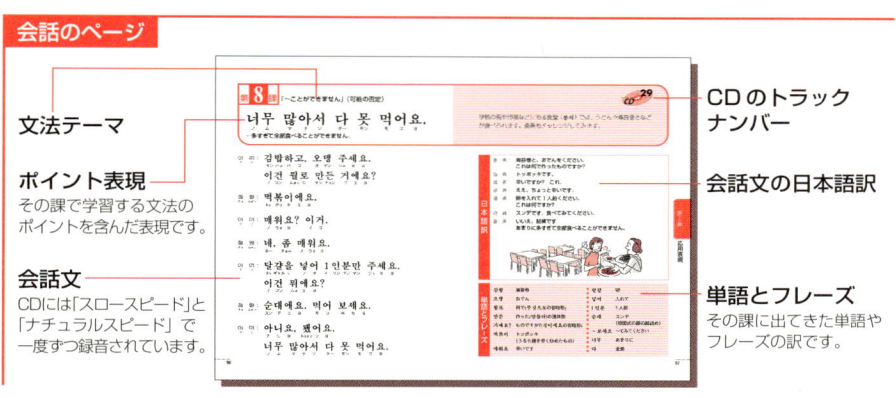

文法テーマ

ポイント表現
その課で学習する文法のポイントを含んだ表現です。

会話文
CDには「スロースピード」と「ナチュラルスピード」で一度ずつ録音されています。

CDのトラックナンバー

会話文の日本語訳

単語とフレーズ
その課に出てきた単語やフレーズの訳です。

文法のくわしい解説のページ

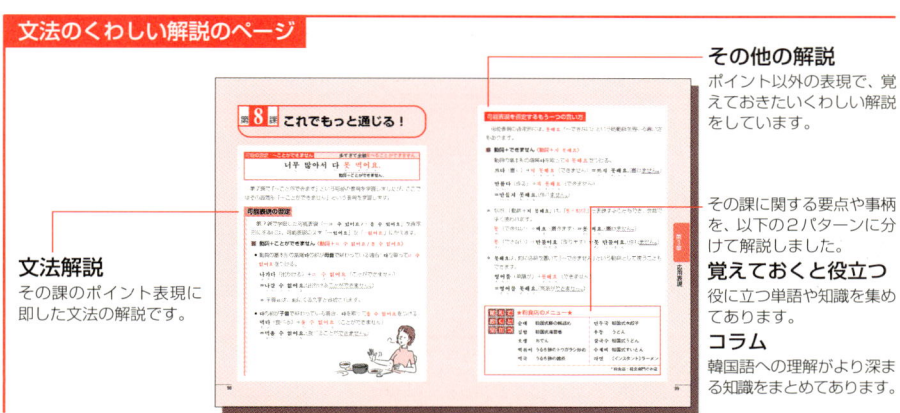

文法解説
その課のポイント表現に即した文法の解説です。

その他の解説
ポイント以外の表現で、覚えておきたいくわしい解説をしています。

その課に関する要点や事柄を、以下の２パターンに分けて解説しました。

覚えておくと役立つ
役に立つ単語や知識を集めてあります。

コラム
韓国語への理解がより深まる知識をまとめてあります。

第４章 ● 文章を書く

　文章の書き方と手紙やはがきなど、よく使う文例を掲載しています。

付　録 ● 単語と役に立つ表現

　交通、ホテル、郵便など、カテゴリー別に、単語と旅先で役立つ基本的な表現をまとめています。

3

驚くほど身につく 韓国語
も く じ

はじめに 1
本書の使い方 2

序章 韓国語の基礎知識

韓国語とは 10
文字について 11
ことばのポイント 13
文法のポイント 14

第1章 韓国語の発音

CD1 CD2 CD3 CD4 CD5 発音のポイント 18
反切表 26

第2章 基本表現

CD6 第1課 あいさつ 32
こんにちは。／さようなら。

CD7 第2課 答える 34
はい。／いいえ。

CD8 第3課 自己紹介 36
～です。

CD 9	第4課　お礼／お詫び 38
	ありがとう。

- CD 9 　第4課　お礼／お詫び 38
  ありがとう。
- CD 10　第5課　断る 40
  結構です。
- CD 11　第6課　呼びかけ 42
  すみません！
- CD 12　第7課　許可／禁止 44
  〜してもいいですか？
- CD 13　第8課　あいづち／感情 46
  ああ！／まあ！
- CD 14　第9課　数字①　漢字語の数字 48
  1、2、3、4…
- CD 15　第10課　数字②　固有語の数字 50
  ひとつ、ふたつ…
- CD 16　第11課　希望、願望を表す 54
  〜ください。
- CD 17　第12課　金額をたずねる 56
  いくらですか？
- CD 18　第13課　年月日の言い方 58
  何月何日ですか？
- CD 19　第14課　曜日の言い方 60
  何曜日ですか？
- CD 20　第15課　時間の言い方 62
  何時ですか？
- CD 21　第16課　場所やものを指すことば 64
  どこですか？

第3章 応用表現

CD 22 第1課 「〜です／〜ます」（肯定・疑問①）..................68
일본사람입니다. 日本人です。

CD 23 第2課 「〜です／〜ます」（肯定・疑問②）..................72
프라자호텔이에요. プラザホテルです。

CD 24 第3課 「〜ます」（意志／未来）..................76
카드로 하시겠어요? カードになさいますか？

CD 25 第4課 「〜でした／〜ました」（過去形）..................80
좋은 물건이 없었어요. よい物件はありませんでした。

CD 26 第5課 「〜てください」（依頼）..................84
가르쳐 주세요. 教えてください。

CD 27 第6課 「〜て〜」（動作をつなぐ表現）..................88
구워 드시면 돼요. 焼いて食べればいいんですよ。

CD 28 第7課 「〜ことができます」（可能）..................92
갈아타지 않고 갈 수 있어요. 乗り換えなしで行けます。

CD 29 第8課 「〜ことができません」（可能の否定）..................96
너무 많아서 다 못 먹어요. 多すぎて全部食べることができません。

CD 30 第9課 「〜なければなりません」（義務）..................100
사이즈를 생각해야 돼요. サイズを考えなければなりません。

CD 31 第10課 連体修飾（動詞・形容詞と名詞を結ぶ）..................104
일본에 보내는 편지인데, 얼마지요?
日本に送る手紙なんですが、いくらですか？

CD 32 第11課 「〜のに／〜ですが」（接続① 逆接）..................108
점심 때인데 왜 조용해요? お昼どきなのに、どうして静かなのですか？

CD 33 第12課 「〜ので／〜から」（接続② 理由）..................112
갈아입을 옷이 없어서 좀 급한데.
着替えがないので、少し急いでいるのですが。

CD 34 第13課 「〜ましょうか?／〜ですね。」(様々な文末表現) 116
유학을 오셨군요. 留学に来たんですね。

CD 35 第14課 「〜と思います」(推量の表現) 120
괜찮을 것 같아요. 大丈夫だと思います。

CD 36 第15課 「〜ています／〜てあります」(進行／状態) 124
지금 열차가 들어오고 있습니다. ただいま列車がまいります。

CD 37 第16課 「〜させる」(使役) 128
죄송합니다. 기다리게 해서. ごめんなさい。待たせてしまって。

CD 38 第17課 「〜ながら／〜つもりです」(同時進行／予定) ... 132
차라도 마시면서 이야기 나눌까요. お茶でも飲みながら話しましょう。

CD 39 第18課 「〜ば」(仮定) 136
괜찮다면, 저는 걷고 싶은데요. よかったら、歩きたいのだけど。

CD 40 第19課 「〜しないで〜」(否定／禁止) 140
전 그렇게 생각하지 않았어요. 僕はそう思いませんでした。

CD 41 第20課 「〜たいです」(希望) 144
여행도 가고 싶어요. 旅行もしたいです。

CD 42 第21課 敬語 ① 148
잠깐만 기다리세요. 少々お待ちください。

CD 43 第22課 敬語 ② 152
드셨어요? 召し上がりましたか？

CD 44 第23課 「〜のために／〜のせいで」(目的／原因) 156
그 성사를 위해서 희생시켰대요. その成就のために犠牲にしたそうですよ。

CD 45 第24課 「〜ましょう」(勧誘) 160
어디 가서 한잔 합시다. どこかに行って一杯やりましょう。

CD 46 第25課 電話のかけ方 164
택시 한 대만 보내 주세요. タクシーを1台お願いします。

動詞・形容詞の不規則変化表 168

第4章　文章を書く

第1課　日記をつける 172

第2課　手紙を送る 176

第3課　はがきを送る 180

第4課　ファックスを送る 182

付録　単語と役に立つ表現

ホテル　호텔 186

銀行／郵便局／電話　은행/우체국/전화 188

買い物　쇼핑 190

交通／乗り物　교통수단 192

観光　관광 194

トラブルに対処する　트러블에 대처한다 196

病院（病状を訴える）　병원(증상을 호소한다) 198

食事／食べ物　식사 / 음식물 200

国名／地名　국가명 / 지명 203

時／季節／祝祭日　시간 / 계절 / 경축일 204

自然／地理　자연 / 지리 205

動物／植物　동물 / 식물 206

仕事／スポーツ　일 / 스포츠 207

【おもな登場人物】

吉田亜美…韓国語を勉強するため、ソウルに留学中の女性。

キム・ジョンヒョン…亜美の友人。日本に留学していたことがある。

8

序章

韓国語の基礎知識

韓国語とは

韓国語・朝鮮語

　朝鮮半島は、北の朝鮮民主主義人民共和国（北朝鮮）と、南の大韓民国（韓国）に分断されており、ここで使われている言語を、北では「朝鮮語」、南では「韓国語」と呼んでいます。しかし、語彙やアクセントなどに若干の違いはあるものの、**朝鮮語と韓国語は同一言語**です。

　日本では、もともと朝鮮半島で使われている言語という広い意味で、「朝鮮語」と呼称されてきましたが、最近では「韓国語」ともよく呼ばれています。また、南北への政治的配慮から、「ハングル語」という呼称も出現し、広まっています。

　しかし「ハングル」とは、朝鮮半島で使われている文字を指し、これは日本語を「仮名語」と呼ぶような、おかしな表現なのです。ですから、場面に応じて「朝鮮語」または「韓国語」と、使い分けるのがよいでしょう（本書では「韓国語」で統一します）。

韓国語と日本語

　韓国語と日本語は、**語順がほとんど同じで、名詞に助詞（「てにをは」など）がつく**点もよく似ています。初級の段階では、日本語の発想を変えずに、そのまま韓国語の単語に置き換えていくだけで、なんとか意味が通じます。

　しかし似ているとはいえ、発想の違いや文化、習慣に対する理解なしには、韓国語の上達は難しいものです。韓国語をマスターするためのポイントは、少し慣れてきたら「韓国語的発想とは？」に常に気を払うことでしょう。

文字について

ハングル

　日本固有の文字として、ひらがなやカタカナが使われているように、韓国語では固有の**「ハングル」**という文字が使われています。日本のように漢字も併用しますが、その使い方は日本語とはかなり違います。韓国語では表記のほとんどがハングルで、漢字は、あくまでも意味の補足、同音異義語に対する注釈程度に用いられます。

　ハングルは1446年、李氏朝鮮第4代国王である世宗(セジョン)大王によって創られ、公布されました。しかし、公布当時は現在と違い、漢字が公式の文字として使われていました。そのため、ハングルは長い間、漢字を知らない人々や婦女子の間で用いられてきました。

母音と子音

　ハングルは、**母音と子音の組み合わせ**によって構成されています。日本語では「か(ka)、き(ki)、く(ku)、け(ke)、こ(ko)」のように、声に出せる一つ一つの音節が、そのまま文字として表記されますが、韓国語には、母音の「a、i、u、e、o」や子音の「k」に当たる文字がそれぞれ存在し、これらの組み合わせによって、初めて一つの音が成立します。

　ハングルの**母音・子音は全部で40個**ありますが、まず基本母音10個と基本子音14個をしっかりとおぼえましょう。原則さえ押さえてしまえば、その他の母音と子音はここからの応用となります。

序章　韓国語の基礎知識

文字の形

ハングルは母音と子音で文字が成り立っていると前述しましたが、この組み合わせ方にも、①〈子音＋母音〉と②〈子音＋母音＋子音〉の2通りあります。

また、1文字の中での子音と母音の配置には、次のようなルールがあります。

①〈子音＋母音〉

母音は右側、あるいは下側に置く。

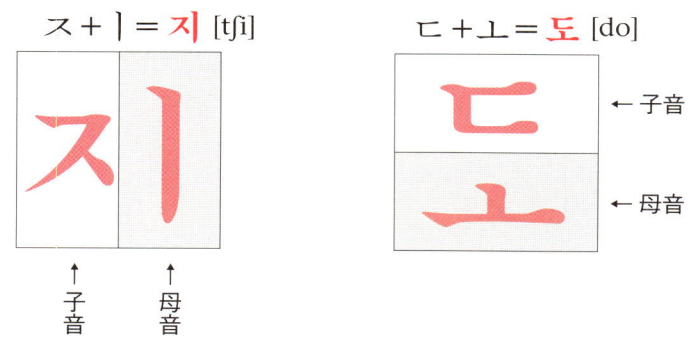

②〈子音＋母音＋子音〉

最後の子音は、必ず子音＋母音の下側に置く。

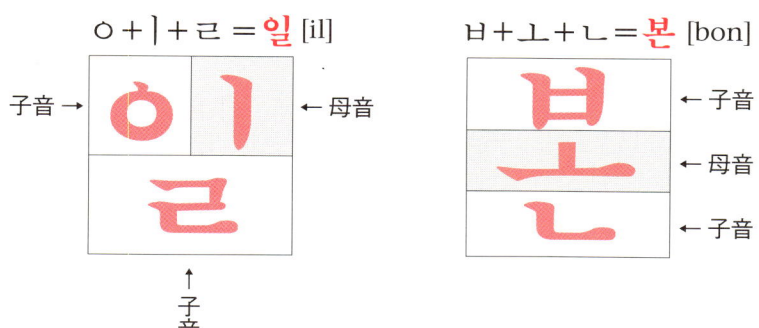

ことばのポイント

漢語と漢字

　日本語でも韓国語でも、雑誌などには欧米からの横文字が氾濫しています。
　しかし韓国語では、一昔前の外来語といえばそのほとんどが漢語でした。現在でも語彙の半分以上を漢語が占めていると思われます。日本語と韓国語の、漢語から成る語彙の発音はかなり似ているので、音の対応関係が分かれば、韓国語の語彙力をぐんと上げることができます。しかし、中には日本語と音が似ていて漢字が同じでも、意味が違うものもあるので注意しましょう。
　また、前述したように、韓国語では漢字をほとんど使用しませんが、表記するときは、台湾と同様に**旧漢字**を使用します。

漢語から成る語で日本語と意味が違うもの：	洋服（양복 ヤンボク）→背広	境遇（경우 キョンウ）→場合
	議論（의논 ウィノン）→相談	工夫（공부 コンブ）→勉強

外来語

　漢語同様、欧米のことばや人名を、韓国語にそのまま置き換えているものもあります。しかし同じことばでも、韓国語ともとの国のことばでは音の体系が異なるので、言語に合わせて音も変化します。
　人名の「マッカーサー」を韓国語で表記し発音すると맥아더（メガド）になるのは、その代表的な例です。

- ●日本語と韓国語の、漢語と外来語の表記や発音の違いには一定のルールがあるので、まとめておぼえましょう（p 28参照）。

文法のポイント

語 順

　日本人が韓国語を学ぶとき、おぼえなければならない文法事項はほとんどないといってもいいくらいです。**韓国語と日本語は語順がほとんど同じ**ですから、文法というよりは、それぞれに対応する語彙や様々な表現のしかたをおぼえるといったほうがよいでしょう。

助 詞

　韓国語の助詞の使い方は、日本語の「て、に、を、は」とほとんど同じです。ただし、助詞によっては、「が＝이、가」や、「は＝은、는」「を＝을、를」のように、対応する助詞が2種類あるものもあるので、その使い分けには気をつけなければなりません。

　これらの区別は、基本的に助詞の前に接続する語彙が母音で終わっているか、子音で終わっているかによって後続する助詞が変わります。たいていは助詞の前の語彙が子音で終わっていれば、無声の子音（ㅇ）で始まる助詞がつき、助詞の前の語彙が母音で終わっていれば子音で始まる助詞がつきます（助詞「と」は、例外）。

　子音で終わる名詞「日本（일본）」と、母音で終わる名詞「フランス（프랑스）」にそれぞれの助詞をつけてみると、以下のようになります。

　　　は（은、는）　　→　　「일본은」　「프랑스는」
　　　が（이、가）　　→　　「일본이」　「프랑스가」
　　　を（을、를）　　→　　「일본을」　「프랑스를」
　　　と（와、과）　　→　　「일본과」　「프랑스와」
　　　に・へ（에）　　→　　「일본에」　「프랑스에」

で・から（에서）	→	「일본에서」 「프랑스에서」
		イルボネソ　　　プランス エソ
の（의）	→	「일본의」　 「프랑스의」
		イルボネ　　　プランス エ

〈語幹＋文末表現〉

韓国語の基本となるのが〈語幹＋文末表現〉です。

「日本人です」のような〈名詞＋です〉の表現で、まず説明します。

「〜です」にあたる韓国語は**입니다**。疑問文は、肯定文の最後の「**다**」を「**까**」に変えて**입니까?**とするだけです。また、会話では**(이)에요**で「〜です」を表すこともありますが、この場合は、最後のイントネーションを上げるだけで疑問文にすることができます。過去形「〜でした」も、疑問文の作り方は基本的に「〜です」の場合と同じです。

また、「食べます」「暑い」のような動詞、形容詞についても、語幹に様々な文末表現を加えることで過去、未来などに変えられます。

このほかにも、**지요**（〜ですね）、**ㄹ까요?**（〜しましょうか？）のような様々な文末表現もあり、ニュアンスもそれぞれに微妙に異なるので、うまく使いこなせるようにしましょう。

휴게　句読点について

記述するときには文末に、疑問文では「?」を、それ以外の文では「.」（ピリオド）を必ずつけます。日本語のように「、」（読点）は使わず、長い文章では文の区切りを分かりやすくするために「,」（カンマ）を使うことがあります。

韓国語の文章の特徴は、文節ごとに分かち書き（**띄어쓰기**）することです。これにより、漢字のない暗号のようなハングルだけの文章でも、文の意味が瞬時に的確に判読できるのです。

覚えておくと役立つ 「家族・親戚」を韓国語で言ってみよう

■家族
① 자기 (チャギ) — 自分
② 아버지 (アボジ) — 父
③ 어머니 (オモニ) — 母
④ 할아버지 (ハラボジ) — 祖父
⑤ 할머니 (ハルモニ) — 祖母
⑥ 외할아버지 (ウェハラボジ) — 外祖父
⑦ 외할머니 (ウェハルモニ) — 外祖母
⑧ 형 (ヒョン) — 兄（弟から見て）
　 오빠 (オッパ) — 兄（妹から見て）
⑨ 남동생 (ナムドンセン) — 弟
⑩ 누나 (ヌナ) — 姉（弟から見て）
　 언니 (オンニ) — 姉（妹から見て）
⑪ 여동생 (ヨドンセン) — 妹

■親戚
큰아버지 (クナボジ) — おじ（父の兄）
작은아버지 (チャグナボジ) — おじ（父の弟）
큰어머니 (クノモニ) — おば（父の兄の妻）
작은어머니 (チャグノモニ) — おば（父の弟の妻）
외삼촌 (ウェサムチョン) — おじ（母の兄弟）
외숙모 (ウェスンモ) — おば（母の姉妹）
사촌 (サチョン) — いとこ

■その他
남편 (ナムピョン) — 夫
아내 (アネ) — 妻
아들 (アドゥル) — 息子
딸 (タル) — 娘

第1章

韓国語の発音

発音のポイント

発音に入る前に

　ハングルは**表音文字**、つまり、英語のアルファベットのように、音を表す文字です。このハングルの、母音と子音（全部で40個）の組み合わせで表せる音は、約1万3,000もありますが、このうち実際に使われるのは1,800あまりといわれています。いずれにしろ、これは日本語に比べるとはるかに多く、韓国語には日本語にない発音がたくさんあります。ですから、日本人が韓国語を学ぶとき、とりわけ難しいとされるのが発音です。

　例えば、日本語の母音「オ」に対応するものには2種類あって、日本人には、どちらも同じ音に聞こえます。「お母さん」と言うときの、**어머니**（オモニ）と、「お兄さん」と言うときの**오빠**（オッパ）は、どちらも日本語では「オ」と表記されますが、これはまったく異なる音です。

　子音にもこのような例がたくさんあります。例えば、日本語の「カ」に聞こえる韓国語には、**가**（カ、ガ）、**까**（カ）、**카**（カ）と3種類あって、これも日本人にとっては、非常に区別しにくい例です。子音のこのような例については、後ほどくわしく取り上げます。

　さらに、日本語は「ア(a)、イ(i)、ウ(u)、エ(e)、オ(o)」「カ(ka)、キ(ki)、ク(ku)、ケ(ke)、コ(ko)」のように、すべての語が母音で終わる（ンのような特殊な例を除く）のに対し、韓国語には最後の音（終声）に「b、t、l、m、n」のような子音で終わる語がたくさんあります。

　発音習得のポイントは、以上のような**「日本語にはない発音」**または**「似ていて異なる音」**が区別できるよう練習することです。

母音の発音

―― 基本母音 ――
ㅏ ㅑ ㅓ ㅕ ㅗ ㅛ ㅜ ㅠ ㅡ ㅣ

　基本母音は**10個**あり、縦横の棒を組み合わせて表します。この母音の順は辞書に掲載されている順なので、このままおぼえてしまいましょう。

ㅏ [a]	日本語の「ア」と同じように発音する。
ㅑ [ja]	日本語の「ヤ」と同じように発音する。
ㅓ [ɔ]	口を「ア」のように大きく開けて「オ」と発音する。
ㅕ [jɔ]	口を「ア」のように大きく開けて「ヨ」と発音する。
ㅗ [o]	少し唇をまるめて「オ」と発音する。
ㅛ [jo]	少し唇をまるめて「ヨ」と発音する。
ㅜ [u]	日本語の「ウ」より唇をまるめて少しとがらせ、「ウ」と発音する。
ㅠ [ju]	日本語の「ユ」より唇をまるめて「ユ」と発音する。
ㅡ [ɯ]	口の形を一の字にして「ウ」と発音する。
ㅣ [i]	日本語の「イ」と同じように発音する。

発音練習 CD 1　　아 야 어 여 오 요 우 유 으 이

※無声子音「ㅇ」をつけて練習します。

第1章　韓国語の発音

その他の母音

ㅐ ㅒ ㅔ ㅖ ㅘ ㅙ ㅚ ㅝ ㅞ ㅟ ㅢ

　その他の母音は **11個** あります。そのほとんどが表記、発音ともに基本母音を組み合わせたもの（**複合母音**）となっています。

ㅐ [ɛ]	日本語の「エ」より口を広く開けて「エ」と発音する。
ㅒ [jɛ]	「イェ」と1音節で発音する。
ㅔ [e]	日本語の「エ」と同じように発音する。
ㅖ [je]	「イェ」と1音節で発音する。
ㅘ [wa]	日本語の「ワ」と同じように発音する。
ㅙ [wɛ]	「ウェ」と1音節で発音する。
ㅚ [we]	「ウェ」と1音節で発音する。
ㅝ [wɔ]	「ウォ」と1音節で発音する。
ㅞ [we]	「ウェ」と1音節で発音する。
ㅟ [wi]	「ウィ」と1音節で発音する。
ㅢ [ɯi]	口を一の字の形にして「ウ」と発音して続けて「イ」と、「ウィ」と1音節で発音する。

애　얘　에　예　와　왜　외　워　웨　위　의

※無声子音「ㅇ」をつけて練習します。

子音の発音

基本子音

ㄱ ㄴ ㄷ ㄹ ㅁ ㅂ ㅅ ㅇ ㅈ ㅊ ㅋ ㅌ ㅍ ㅎ

　基本子音14個をおぼえます。この子音の順は辞書に掲載されている順にもなっているので、このままおぼえましょう。基本子音には**平音**と**激音**（＊の音）があります。

ㄱ	[k, g]	[가]	日本語の「カ」行の子音に似た音。語中では「ガ」行の子音と似た音となることが多いが、鼻濁音にならないように。
ㄴ	[n]	[나]	日本語の「ナ」行と同じように発音する。
ㄷ	[t, d]	[다]	日本語の「タ」行の子音に似た音。語中では「ダ」行の音となることが多い。
ㄹ	[r, l]	[라]	日本語の「ラ」行と同じように発音する。
ㅁ	[m]	[마]	日本語の「マ」行と同じように発音する。
ㅂ	[p, b]	[바]	日本語の「パ」行の子音に似た音。語中では「バ」行の音となることが多い。
ㅅ	[s]	[사]	日本語の「サ」行の子音に似た音。
ㅇ	[-, ŋ]	[아]	無声子音。母音と組み合わせて母音の発音をする。
ㅈ	[tʃ, dʒ]	[자]	日本語の「チャ、チ」等の子音に似た音。語中では「ヂャ、ジ」の子音となることが多い。
＊ ㅊ	[tʃʰ]	[차]	日本語の「チャ、チ」等の子音に似た音。ㅈに比べると激しく息を吐き出す音。
＊ ㅋ	[kʰ]	[카]	日本語の「カ」行の子音に似た音。ㄱに比べると激しく息を吐き出す音。
＊ ㅌ	[tʰ]	[타]	日本語の「タ」行の子音に似た音。ㄷに比べると激しく息を吐き出す音。
＊ ㅍ	[pʰ]	[파]	日本語の「パ」行の子音に似た音。ㅂに比べると激しく息を吐き出す音。
ㅎ	[h]	[하]	日本語の「ハ」行の子音に似た音。

第1章　韓国語の発音

가 나 다 라 마 바 사 아 자
차 카 타 파 하

※基本母音「ㅏ」をつけて練習します。

その他の子音

| ㄲ | ㄸ | ㅃ | ㅆ | ㅉ |

基本子音以外に**濃音**と呼ばれる子音が**5個**あります。

ㄲ [ʔk]	[까]	日本語の「カ」行の子音に似た音だが、「まっかな」と発音するときの「カ」。喉頭を閉鎖させた後、息が外にもれないように「カ」と発音する。
ㄸ [ʔt]	[따]	日本語の「た」行の子音に似た音だが、「言ったよ」と発音するときの「タ」。喉頭を閉鎖させた後、息が外にもれないように「タ」と発音する。
ㅃ [ʔp]	[빠]	日本語の「パ」行の子音に似た音だが、「やっぱり」と発音するときの「パ」。喉頭を閉鎖させた後、息が外にもれないように「パ」と発音する。
ㅆ [ʔs]	[싸]	日本語の「サ」行の子音に似た音だが、「あっさり」と発音するときの「サ」。喉頭を閉鎖させた後、息が外にもれないように「サ」と発音する。
ㅉ [ʔtʃ]	[짜]	日本語の「チャ、チ」等の子音に似た音だが、「言っちゃえ」と発音するときの「チャ」の子音。喉頭を閉鎖させた後、息が外にもれないように「チャ」と発音する。

까 따 빠 싸 짜

※基本母音「ㅏ」をつけて練習します。

発音のまとめ

■複合母音

複合母音には、現在はほとんど区別なく発音しているものがあります。

ㅐ [ɛ] ㅔ [e]：どちらも「エ」と発音すればよい

ㅒ [jɛ] ㅖ [je]：どちらも「イェ」と1音節で発音すればよい

ㅙ [wɛ] ㅚ [we] ㅞ [we]：同じく「ウェ」と一音節で発音すればよい

■平音の発音

ㄱ、ㄷ、ㅂ、ㅈは語頭にくるときは濁らず、語中（特に母音と母音の間）にくると濁ります。

（例） 고기（kogi：肉）　바지（paji：ズボン）　바다（pada：海）

■平音・激音・濃音の違い

前述したように、韓国語には平音のほかに激音・濃音があり、音の出し方が違います。口元にティッシュを1枚近づけ、次のことばを発音してみましょう。

　　바（pa）　　　　　파（pʰa）　　　　　빠（ˀpa）
　少しそよぐ程度　　　激しくゆれる　　　まったく動かない

휴게　カタカナのルビについて

本書では学習の便宜を図るため、ハングルにカタカナのルビをふっています。しかし、18ページで説明したように、日本語よりも韓国語の音のほうがはるかに多いので、ルビで韓国語の音が正確に表せるわけではありません。発音の基礎を押さえ、付属CDをよく聴いて、ルビなしに正確に発音するように心がけてください。本書では、できるだけ原音に近いルビにするため、パッチム（次ページ参照）の子音にあたるk、l、m、pの音をㇰ、ㇽ、ㇺ、ㇷ゚と小さく表し、普通のク、ル、ム、プの音と区別しました。

第1章　韓国語の発音

パッチム（終声子音）

　韓国語の音節は、〈子音＋母音〉で構成されるものと〈子音＋母音＋子音〉で構成されるものがあると前述しました。このうち、最初にくる子音を**初声**、次にくる母音を**中声**、〈子音＋母音＋子音〉の最後の子音を**終声**といいます。この終声を「**パッチム**」（支えるもの）ともいいます。

　日本語の発音は通常母音で終わるので、子音で終わるものをどう発音するのかとまどうと思いますが、この発音に慣れてください。

　パッチムになる子音には基本子音14個、濃音2個、異なる子音を2つ重ねた重子音11個があります。使われる子音は27個もありますが、実際には次の**7通り**のどれかで発音されます。

1	[k]	ㄱ，ㅋ，ㄲ，（ㄺ，ㄳ）
2	[t]	ㄷ，ㅌ，ㅈ，ㅊ，ㅅ，ㅆ，ㅎ
3	[p]	ㅂ，ㅍ，（ㅄ，ㄻ，ㄿ）
4	[l]	ㄹ（ㄽ，ㄾ，ㅀ）
5	[m]	ㅁ（ㄻ）
6	[n]	ㄴ（ㄵ，ㄶ）
7	[ŋ]	ㅇ

※（ ）内は重子音です

■リエゾン CD 5

　パッチムのある文字の後に「ㅇ」で始まる文字（母音）がくると、実際にはパッチムが「ㅇ」の位置にきて発音されます。つまり、**前の文字と後ろの文字が続けて読まれる**ということですが、これを**リエゾン**と言います。

〈実際の表記〉　　　　〈発音をハングルで表すと…〉
월요일（月曜日）→　워료일
　　　　　　　　　　　ウォ リョ イル
일본인（日本人）→　일보닌
　　　　　　　　　　　イル ボ ニン
금연（禁煙）　→　　그면
　　　　　　　　　　　ク ミョン

■パッチム＋子音　CD 5

パッチムの次に子音の文字がくる場合、注意点がいくつかあります。

1 パッチムが〈k, t, pの音＋ㄱ, ㄷ, ㅂ, ㅅ, ㅈ〉→ **濃音化**する

학교（学校）　→　학꾜
ハッキョ　　　　　ハッキョ

맞벌이（共稼ぎ）→　맏뻐리
マッポリ　　　　　マッポリ

2 パッチムが〈ㅎ＋ㄱ, ㄷ, ㅂ, ㅈ〉あるいはその逆 → **激音化**する

좋다（よい）→　조타
チョッタ　　　　チョッタ

역할（役割）→　역칼
ヨッカル　　　　ヨッカル

3 パッチムが〈ㄴ, ㄹ, ㅁ＋ㅎ〉→ **無声化**する

전화（電話）　→　저놔
チョヌァ　　　　　チョヌァ

열심히（一生懸命）→　열시미
ヨルシミ　　　　　　ヨルシミ

4 子音どうしの組み合わせで音が変化するもの

ㄱ＋ㄴ→ㅇ	국내（国内）	→ 궁내
	クンネ	クンネ
ㄱ＋ㅁ→ㅇ	학문（学問）	→ 항문
	ハンムン	ハンムン
t系＋ㄴ→ㄴ	옛날（昔）	→ 옌날
	イェンナル	イェンナル
t系＋ㅁ→ㄴ	꽃무늬（花柄）	→ 꼰무늬
	コンムニ	コンムニ
ㅂ＋ㄴ→ㅁ	합니다（します）	→ 함니다
	ハムニダ	ハムニダ
ㅂ＋ㅁ→ㅁ	십만（十万）	→ 심만
	シンマン	シンマン
ㅁ＋ㄹ→ㄴ	심리（心理）	→ 심니
	シムニ	シムニ
ㄴ＋ㄹ→ㄹ	언론（言論）	→ 얼론
	オルロン	オルロン

第1章　韓国語の発音

反切表

	子音						
	ㄱ	ㄴ	ㄷ	ㄹ	ㅁ	ㅂ	ㅅ
ㅏ	가 カ・ガ	나 ナ	다 タ・ダ	라 ラ	마 マ	바 パ・バ	사 サ
ㅑ	갸 キャ・ギャ	냐 ニャ	댜 ティャ・ディャ	랴 リャ	먀 ミャ	뱌 ピャ・ビャ	샤 シャ
ㅓ	거 コ・ゴ	너 ノ	더 ト・ド	러 ロ	머 モ	버 ポ・ボ	서 ソ
ㅕ	겨 キョ・ギョ	녀 ニョ	뎌 ティョ・ディョ	려 リョ	며 ミョ	벼 ピョ・ビョ	셔 ショ
ㅗ	고 コ・ゴ	노 ノ	도 ト・ド	로 ロ	모 モ	보 ポ・ボ	소 ソ
ㅛ	교 キョ・ギョ	뇨 ニョ	됴 トィョ・ドィョ	료 リョ	묘 ミョ	뵤 ピョ・ビョ	쇼 ショ
ㅜ	구 ク・グ	누 ヌ	두 トゥ・ドゥ	루 ル	무 ム	부 プ・ブ	수 ス
ㅠ	규 キュ・ギュ	뉴 ニュ	듀 テュ・デュ	류 リュ	뮤 ミュ	뷰 ピュ・ビュ	슈 シュ
ㅡ	그 ク・グ	느 ヌ	드 トゥ・ドゥ	르 ル	므 ム	브 プ・ブ	스 ス
ㅣ	기 キ・ギ	니 ニ	디 ティ・ディ	리 リ	미 ミ	비 ピ・ビ	시 シ

基本母音

韓国語には、日本語の五十音表にあたる、基本母音（10個）と子音を組み合わせた反切表があります。この表で基本的な読み方をおぼえましょう。

		子音						
		ㅇ	ㅈ	ㅊ	ㅋ	ㅌ	ㅍ	ㅎ
基本母音	ㅏ	아 ア	자 チャ・ジャ	차 チャ	카 カ	타 タ	파 パ	하 ハ
	ㅑ	야 ヤ	쟈 チャ・ジャ	챠 チャ	캬 キャ	탸 ティヤ	퍄 ピャ	햐 ヒャ
	ㅓ	어 オ	저 チョ	처 チョ	커 コ	터 ト	퍼 ポ	허 ホ
	ㅕ	여 ヨ	져 チョ・ジョ	쳐 チョ	켜 キョ	텨 ティヨ	펴 ピョ	혀 ヒョ
	ㅗ	오 オ	조 チョ・ジョ	초 チョ	코 コ	토 ト	포 ポ	호 ホ
	ㅛ	요 ヨ	죠 チョ・ジョ	쵸 チョ	쿄 キョ	툐 ティヨ	표 ピョ	효 ヒョ
	ㅜ	우 ウ	주 チュ・ジュ	추 チュ	쿠 ク	투 トゥ	푸 プ	후 フ
	ㅠ	유 ユ	쥬 チュ・ジュ	츄 チュ	큐 キュ	튜 テュ	퓨 ピュ	휴 ヒュ
	ㅡ	으 ウ	즈 チュ・ジュ	츠 チュ	크 ク	트 トゥ	프 プ	흐 フ
	ㅣ	이 イ	지 チ・ジ	치 チ	키 キ	티 ティ	피 ピ	히 ヒ

第1章 韓国語の発音

漢字・外来語の発音の規則

韓国語の漢字や外来語（英語）の発音を日本語と比べると、一定の規則があります。

■漢字の発音の規則

漢字の場合、初声・中声・終声の音に、日本語と韓国語の対応関係が見られます。

① 初声

「ラ」行＝「ㄹ（ㅇ）[r, -]」（語頭の「ㄹ」の音は「ㅇ」に変わる）になる場合
　　李：リ(리(이))　　連：レン(련(연))

「マ、バ」行＝「ㅁ [m]」になる場合
　　無：ム(무)　　文：ブン(문)

「ナ、ダ」行＝「ㄴ [n]」になる場合
　　男：ダン(남)　　努：ド(노)

「ア、ヤ、ワ」行＝「ㅇ [-]」になる場合
　　安：アン(안)　　億：オク(억)　　約：ヤク(약)

「カ、ガ」行＝「ㄱ、ㅋ [k, kʰ]」になる場合
　　感：カン(감)　　技：ギ(기)　　快：カイ(쾌)

「タ、ダ」行＝「ㄷ、ㅌ [t, tʰ]」になる場合
　　単：タン(단)　　団：ダン(단)　　脱：ダツ(탈)　　択：タク(택)

「ハ、バ」行＝「ㅂ、ㅍ [p, pʰ]」になる場合
　　反：ハン(반)　　便：ベン(편)　　皮：ヒ(피)　　部：ブ(부)

「サ、ザ」行＝「ㅈ、ㅊ [t, tʰ]」になる場合
　　作：サク(작)　　造：ゾウ(조)　　創：ソウ(창)

「サ、ザ」行＝「ㅅ、ㅆ [s, ʔs]」になる場合
　　散：サン(산)　　城：ジョウ(성)　　氏：シ(씨)

「カ、ガ」行＝「ㅎ [h]」になる場合
　　現：ゲン(현)　　希：キ(희)

② 母音

「ア」=「ㅏ [a]」になる場合
可：カ(가)　打：ダ(타)　南：ナン(남)
　　カ　　　　タ　　　　　ナム

「エ」=「ㅓ [ɔ]」になる場合
健：ケン(건)　言：ゲン(언)　先：セン(선)
　　コン　　　　オン　　　　　ソン

「オ」=「ㅗ [o]」になる場合
古：コ(고)　路：ロ(로)　祖：ソ(조)　温：オン(온)
　　コ　　　　ロ　　　　チョ　　　　オン

「ウ」=「ㅜ [u]」になる場合
宇：ウ(우)　物：ブツ(물)　分：フン(분)
　　ウ　　　　ムル　　　　　プン

「イ」=「ㅣ [i]」になる場合
美：ビ(미)　利：リ(리)　地：チ(지)
　　ミ　　　　リ　　　　　チ

③ 終声

「ク、キ」=「ㄱ [ᵏ]」になる場合
国：コク(국)　学：ガク(학)　楽：ラク(락)　石：セキ(석)
　　クッ　　　　ハク　　　　ラッ　　　　　ソク

「オウ」=「ㅇ [ŋ]」になる場合
江：コウ(강)　望：ボウ(망)　想：ソウ(상)
　　カン　　　　マン　　　　サン

「イ、ウ」=「ㅇ [ŋ]」になる場合
明：メイ(명)　生：セイ(생)　風：フウ(풍)
　　ミョン　　　セン　　　　プン

「ツ、チ」=「ㄹ [l]」になる場合
月：ガツ(월)　末：マツ(말)　質：シツ(질)　八：ハチ(팔)
　ウォル　　　　マル　　　　チル　　　　　パル

「ン」=「ㄴ [n]」になる場合
万：マン(만)　韓：カン(한)　本：ホン(본)　人：ジン(인)
　　マン　　　　ハン　　　　ポン　　　　　イン

「ウ」=「ㅂ [ᵖ]」になる場合
法：ホウ(법)　集：シュウ(집)　甲：コウ(갑)
　　ポッ　　　　チプ　　　　　カプ

「ン」=「ㅁ [m]」になる場合
三：サン(삼)　音：オン(음)　心：シン(심)　林：リン(림)
　　サム　　　　ウム　　　　シム　　　　　リム

第1章　韓国語の発音

■外来語の発音の規則

外来語（英語）にも、母音・子音で両国語に一定の対応関係が見られます。

æ「ア」=「애」

백	バック (back)	해피	ハッピー (happy)
맨션	マンション (mansion)	샌드위치	サンドイッチ (sandwich)

ʌ, ər, əːr「ア」=「어」

서커스	サーカス (circus)	컬러	カラー (color)
메이커	メーカー (maker)	모터	モーター (moter)

f「フ」=「프」

패밀리	ファミリー (family)	필링	フィーリング (feeling)
플라이	フライ (fly)	푸드	フード (food)
프라이팬	フライパン (frypan)		

ð「ザ、ジ、ズ」=「더、디、드」

마더	マザー (mother)	스무드	スムーズ (smooth)
더、디	ザ、ジ (the)		

長母音の表記「ー」=表記しない

아파트	アパート (apart)	오픈	オープン (open)
슈퍼	スーパー (super)		

第 2 章

基本表現

第1課 あいさつ

こんにちは。／さようなら。

안녕하십니까?
アンニョン ハ シム ニッ カ

こんにちは。
(目上もしくは同等の人に対して)

안녕하세요?
アンニョン ハ セ ヨ

こんにちは。
(目上もしくは同等の人に対して)

안녕?
アン ニョン

こんにちは。
(目下の人に対して)

오래간만입니다.
オ レ ガン マ ニム ニ ダ

久しぶりです。

어서 오세요.
オ ソ オ セ ヨ

いらっしゃい。

ポイント

・日本語の場合、出会いのあいさつは朝、昼、晩と時間帯によって使い分けますが、韓国語の**안녕하세요?**(アンニョンハセヨ)は、「こんにちは」だけでなく「おはよう」や「こんばんは」の意味も含みます。

・**안녕하십니까?**(アンニョンハシムニッカ)／**안녕하세요?**(アンニョンハセヨ)は、目上の人、もしくは同等の人に対して使えるのに対して、**안녕?**(アンニョン)は、目下の人にだけ使える表現であることに気をつけましょう。また、**안녕하세요?**(アンニョンハセヨ)よりも**안녕하십니까?**(アンニョンハシムニッカ)のほうが、よりフォーマルな表現です。

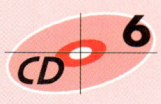

韓国語のあいさつは、話す相手や状況によって言い方が変わってきます。特に目上の人には失礼にならないよう、話し方に気をつけましょう。

안녕히 계세요.
アンニョンヒ ゲセヨ

さようなら。
(その場に残る人に)

안녕히 가세요.
アンニョンヒ ガセヨ

さようなら。
(その場を去る人に)

안녕!
アンニョン

じゃあね!
(目下の人に。
去っていく人も、残る人も言える)

잘 가요.
チャル ガヨ

気をつけて。
(目下、もしくは親しい間柄の人に)

또 만납시다.
ト マンナプシダ

また会いましょう。

ポイント

あいさつしあう人どうしがその場から同時に去っていく場合には、お互いに **안녕히 가세요** と言います。
アンニョンヒ ガセヨ

第2章 基本表現

第2課 答える

はい。／いいえ。

예.
イェー
はい。

네.
ネー
はい。

네, 그래요.
ネー クレヨ
はい、そうです。

네, 좋아요.
ネー チョアヨ
はい、いいです。

응.
ウン
うん。

ポイント

- 예と네は、どちらを使っても構いませんが、예のほうが少しかしこまった感じ
  イェー ネー　　　　　　　　　　　　　　　　　　　　　　　イェー
  です。
- 응は、おもに目下の人に対して使います。
  ウン

「~さんですか?」「これですか?」など、道端で、または買い物のときに、いろいろと質問が飛んできます。自分の意見をはっきり伝えるためにも、しっかりおぼえておきましょう。

아닙니다. アニムニダ	いいえ。
아니에요. アニエヨ	いいえ。
아니요. アニヨ	いいえ。
아닌데요. アニンデヨ	違いますが。

ポイント

아닙니다は、아니에요に比べ、よりフォーマルな表現です。また、아닙니다や아니에요に比べ、아니요は、「いいえ、~です」のように、後半に何か補足説明をするような場合に使われることの多い表現です。

第3課 自己紹介

～です。

성함이 어떻게 되세요? お名前は？
ソンハミ オットッケ ドゥェセヨ

요시다 아미입니다. 吉田亜美です。
ヨシダ アミイムニダ

이름이 뭐예요? 名前は？
イルミ ムォエヨ （目下の人に対して）

김정현이에요. キム・ジョンヒョンです。
キムジョンヒョニエヨ

ポイント

・目上の人に対しては、**성함이 어떻게 되세요?** と敬語を使いましょう。
　　　　　　　　　　　ソンハミ オットッケ ドゥェセヨ

人称代名詞

나 (ナ)	僕、おれ、わたし
저 (チョ)	わたくし、わたし
당신 (タンシン)	あなた
너 (ノ)	あなた、おまえ、君（同等、目下の人に）
씨 (シ)	～さん（必ずフルネームにつける）

ここで出てくる表現は初対面のとき、必ずといってもいいくらい、よく使われます。相手の名前の聞き方、自分の名前の言い方をしっかりおぼえましょう。

처음 뵙겠습니다.
チョウム ブェプケッ スム ニ ダ
はじめまして。

만나서 반가워요.
マン ナ ソ パン ガ ウォ ヨ
お会いできて
うれしいです。

잘 부탁합니다.
チャル プ タッ カム ニ ダ
どうぞよろしく。

第2章 基本表現

휴게 呼びかけ方

相手を呼ぶときは普通、**김미숙 씨**（金美淑氏）のように、フルネームに**씨**（氏）をつけて呼びます。金氏とか李氏など姓だけで呼ぶのは失礼に当たる場合もあります。友だちや恋人など親しい間柄では、美淑氏、英哲氏と名前だけで呼ぶことがあります。

会社などでは、**이과장**（李課長）のように、姓に役職をつけて呼びます。その場合、目上の人に対しては**사장님**（社長さん）と、「様」にあたる**님**を必ずつけます。女性社員に対しては、**미스 박**（ミス朴）のような言い方もよくします。以上のような場合は、フルネームでなく姓だけで呼んでも失礼にはなりません。

二人称代名詞**당신**は普通、夫婦間や恋人どうしなど限られた間のみで使い、あまり親しくない間柄でこのことばを使うと、けんかごしの会話と取られてしまう場合があります。日本語の「あなた」も、英語の「You」に比べてかなり限られた使われ方をしますが、韓国語の**당신**はさらに限定的なので、普通の会話では使わないようにしましょう。

第4課 お礼／お詫び

ありがとう。

감사합니다. カムサハムニダ	ありがとうございます。
고맙습니다. コマプスムニダ	ありがとうございます。 (ありがとう)
고마워. コマウォ	ありがとう。 (目下の人に対して)
천만에요. チョンマネヨ	どういたしまして。

> 감사합니다.

ポイント

감사합니다は、고맙습니다／고마워より、かしこまった表現です。

日本語では、ちょっとしたことですぐに「すみません」と謝ってしまいがちですが、相手に本当に迷惑をかけたときや悪いことをしたときだけ使いましょう。

죄송합니다. チェ ソン ハム ニ ダ	申し訳ありません。
미안합니다. / 미안해요. ミ ア ナム ニ ダ　　ミ ア ネ ヨ	すみません。／ ごめんなさい。
미안해. ミ ア ネ	ごめんね。 (目下の人に対して)
용서해 주세요. ヨン ソ ヘ　ジュ セ ヨ	お許しください。
폐를 많이 끼쳤습니다. ペ ルル マ ニ　キ チョッスム ニ ダ	たいへんご迷惑を おかけしました。
아니요, 괜찮아요. ア ニ ヨ　クェン チャ ナ ヨ	いいえ、いいですよ。 (だいじょうぶですよの意味)

ポイント

お詫びの表現미안합니다(ミアナムニダ)は、日本語の「すみません」のように「ありがとう」の意味や、呼びかけなどの意味では使えないので、注意しましょう。

第5課 断る

結構です。

됐어요. <small>トゥェッソ ヨ</small>	結構です。
아니요, 됐어요. <small>アニヨ トゥェッソ ヨ</small>	いいえ、結構です。
아니요, 이제 됐어요. <small>アニヨ イジェ トゥェッソ ヨ</small>	いいえ、もう結構です。
싫어요. <small>シロヨ</small>	いやです。
안돼요. <small>アンドゥェヨ</small>	だめです。

ポイント

됐어요は道端やお店で、物を買うようにしつこくつきまとわれたとき、아니요, 이제 됐어요は、飲食店で追加注文を聞かれたときなどに使います。

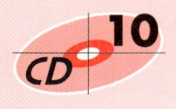

いいのか、いやなのか、自分の気持ちをはっきり言わないと、変に誤解を招くこともあります。意思を相手に伝えられるよう、しっかりおぼえましょう。

이걸로 충분해요.
イ ゴル ロ チュンブ ネ ヨ
これで十分です。

필요 없어요.
ピ リョ オプ ソ ヨ
要りません。

됐다는데 왜 그러세요?
トゥェッタ ヌン デ ウェ ク ロ セ ヨ
いいと言っているのに、しつこいですよ。

그냥 놔 두세요.
ク ニャン ノァ ドゥ セ ヨ
ほっといてください。

ポイント

됐어요と言っても、さらにしつこくつきまとわれるときは、**됐다는데 왜 그러세요?**と強く一言。**필요 없어요**も相手にかなり強い響きを与えます。

第6課 呼びかけ

すみません！

아저씨! ア ジョ シ
すみません！
（男性一般に）

아줌마! ア ジュン マ
すみません！
（中年の女性に）

아가씨! ア ガ シ
すみません！
（若い女性に）

언니! オン ニ
すみません！
（「お姉さん」という意味）

저, 여기요! チョ ヨ ギ ヨ
すみません！
（お店で店員に注文するときなどに）

お店や道で人に声をかけるときに使う表現です。呼びかける相手の性や年齢などによって違ってくるので、使い分けに注意しましょう。

말씀 좀 여쭈어 보겠습니다.
マル スム ジョム ヨッ チュ オ ボ ゲッ スム ニ ダ

ちょっとおたずねします。

저기, 말씀 좀 묻겠는데요.
チョ ギ マル スム ジョム ムッ ケン ヌン デ ヨ

あの、ちょっとおたずねしますが。

말 좀 묻겠습니다.
マル チョム ムッ ケッ スム ニ ダ

ちょっとおたずねします。

ポイント

- 知人への呼びかけは〈フルネーム＋씨!〉で、会社などでは〈姓＋役職名＋님!〉で。（p.37 コラム参照）
- 말씀は、말（ことば）の敬語で、여쭈어 보겠습니다は、묻겠습니다の敬語です。道端で一番よく耳にするのは、말 좀 묻겠는데요という短い表現です。

第2章 基本表現

第7課 許可／禁止

〜してもいいですか？

들어가도 돼요? トゥロガド ドゥェヨ	入ってもいいですか？
앉아도 돼요? アンジャド ドゥェヨ	座ってもいいですか？
담배 피워도 돼요? タンベ ピウォド ドゥェヨ	たばこを吸ってもいいですか？
사진 찍어도 돼요? サジン チゴド ドゥェヨ	写真を撮ってもいいですか？
먼저 먹어도 괜찮아요? モンジョ モゴド クェンチャナヨ	先に食べても構いませんか？

ポイント

돼요?も괜찮아요?も、許可を得る表現として使われます。ニュアンスの違いは、特にありません。

들어가지 마세요(入らないでください)の文字を読めずに中に入ってしまい、注意されることもよくあります。許可と禁止の表現をあわせておぼえておきましょう。

네, 괜찮아요. ネー クェンチャナヨ	ええ、いいですよ。
네, 그러세요. ネー クロセヨ	ええ、どうぞ。
네, 들어오세요. ネー トゥロオセヨ	はい、どうぞ お入りください。
아니요, 안돼요. アニヨ アンドゥェヨ	いいえ、だめです。
담배는 삼가하시기 바랍니다. タンベヌン サムガハシギ パラムニダ	たばこは ご遠慮願います。

第2章 基本表現

ポイント

禁止表現には**아니요／안돼요**のほかに、**～지 마십시오／～지 마세요**(~しないでください)があります。また、**～금지**（〜禁止）もあわせておぼえましょう。

출입금지　立入禁止　　진입금지　進入禁止　　촬영금지　撮影禁止
チュリプクムジ　　　　チニプクムジ　　　　チョアリョンクムジ

플래시금지　フラッシュ禁止
プルレシクムジ

第8課 あいづち／感情

ああ！／まあ！

아이고!/ 아이구! アイゴ　　アイグ	ああ！ （喜怒哀楽、様々な感情を表す）
세상에! セサンエ	何とまあ！
맙소사! マプソサ	何たることか！
어머! オモ	あら！／まあ！ （女性のみ）
어떻게 하지! オットケ ハジ	どうしよう！
기가 막혀! キガ マッキョ	あきれた！
답답해! タプタッペ	じれったい！／ むしゃくしゃする！
거 봐. コ ボァ	ほら、ごらんなさい。

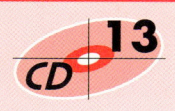

韓国語は感情表現が豊かな言語です。会話をスムーズに運ぶためにも、韓国語独特のこれらの表現をおぼえ、自然と口に出るよう練習しましょう。

정말. チョン マル	ほんとうに。 （日本語同様、驚き・感動などのニュアンスでも使う）
참! チャム	あっ! （突然思い出したときに）
그럴 수가…. ク ロル ス ガ	そんなはずが…。
그렇군. ク ロッ クン	なるほど。
잘 됐다! チャル ドゥェッ タ	よかった!
자. チャー	さあ。 （勧誘）

ポイント

日本でもよく知られている韓国語の「アイゴー」には「哀号」という漢字があてられますが、実際は아이고（アイゴ）よりも아이구（アイグ）と言うほうが多いです。

第2章 基本表現

第9課 数字① 漢字語の数字

1, 2, 3, 4…

0〜29

0	1	2	3	4
영 ヨン	일 イル	이 イ	삼 サム	사 サ
5	6	7	8	9
오 オ	육(륙) ユク リュク	칠 チル	팔 パル	구 ク
10	11	12	13	14
십 シプ	십일 シ ビル	십이 シ ビ	십삼 シプ サム	십사 シプ サ
15	16	17	18	19
십오 シ ボ	십육 シムニュク	십칠 シプ チル	십팔 シッパル	십구 シプ ク
20	21	22	23	24
이십 イ シプ	이십일 イ シ ビル	이십이 イ シ ビ	이십삼 イ シプ サム	이십사 イ シプ サ
25	26	27	28	29
이십오 イ シ ボ	이십육 イ シムニュク	이십칠 イ シプ チル	이십팔 イ シッパル	이십구 イ シプ ク

ポイント

- 日本語と同じで、原則的に前から順に読んでいきます。11以上の数字は「10＋1の位の数字」、20は「2＋10」、21以上は「2＋10＋1の位の数字」となります。
- 6は語頭にくるときは육(ユク)ですが、前に母音がくると륙(リュク)となります。また、子音がくるときや16は십육(シムニュク)と発音が変わるので注意しましょう。
- 0は、会話では공(コン)を使うこともあります。

韓国語には1、2、3という数字（漢字語数字）と、1つ、2つ、3つという数字（固有語数字）があり、助数詞によって使い分けられます。ここではまず、漢字語の数字をおぼえましょう。

30～999

30	40	50	60
삼십	사십	오십	육십
サム シプ	サ シプ	オ シプ	ユヶ シプ
70	80	90	100
칠십	팔십	구십	백
チル シプ	パル シプ	ク シプ	ペヶ
101	111	150	200
백일	백십일	백오십	이백
ペ ギル	ペヶ シ ビル	ペ ゴ シプ	イ ベヶ
300	400	500	999
삼백	사백	오백	구백구십구
サム ベヶ	サ ベヶ	オ ベヶ	ク ベヶ ク シプ ク

1,000以上

1,000	2,000	5,000	1万	2万
천	이천	오천	만	이만
チョン	イチョン	オチョン	マン	イ マン
10万	100万	1,000万	1億	1兆
십만	백만	천만	일억	일조
シンマン	ペンマン	チョンマン	イ ロヶ	イル チョ

分数

$\dfrac{1}{2}$

이분의 일
イ ブ ネ イル

$\dfrac{2}{3}$

삼분의 이
サム ブ ネ イ

小数

0.1

영점일
ヨンチョムイル

2.03

이점영삼
イ チョムヨンサム

💡ポイント

- 30以上も原則は同じです。100は백で、101以上は「100＋下2桁の数字」となります。また、200以上は「2＋100＋下2桁の数字」になります。
- 1,000以上も日本語と同じように単位が上がっていきます。日本語とよく似ているのでおぼえやすいでしょう。1万は、ただ「万」と言います。

第10課 数字② 固有語の数字

ひとつ、ふたつ…

固有語の数字

ひとつ	ふたつ	みっつ	よっつ	いつつ
하나 ハナ	둘 トゥル	셋 セッ	넷 ネッ	다섯 タソッ
むっつ	ななつ	やっつ	ここのつ	とお
여섯 ヨソッ	일곱 イルゴプ	여덟 ヨドル	아홉 アホプ	열 ヨル
11	12	13	14	15
열하나 ヨラナ	열둘 ヨルトゥル	열셋 ヨルセッ	열넷 ヨルレッ	열다섯 ヨルタソッ
16	17	18	19	20
열여섯 ヨルリョソッ	열일곱 ヨリルゴプ	열여덟 ヨルリョドル	열아홉 ヨラホプ	스물 スムル
21	22	23	30	40
스물하나 スムラナ	스물둘 スムルトゥル	스물셋 スムルセッ	서른 ソルン	마흔 マフン
50	60	70	80	90
쉰 シュィン	예순 イェスン	일흔 イルン	여든 ヨドゥン	아흔 アフン

ポイント

- 11は「10＋1」、22は「20＋2」のようにつなげます。さらに100以上の数字でも、「905(구백 다섯)」のように、百、千、万などの後ろに固有語の数字をつけることもできます。
クベク タソッ
- ものを数えるときの決まった言い方として、助数詞(次ページ参照)があります。おもな固有語の数字とあわせておぼえましょう。

日本語の固有語の数字は10までしかありませんが、韓国語では99まであります。固有語の数字は後ろに助数詞を伴う場合によく使うので、あわせておぼえてしまいましょう。

おもな助数詞

● 個 (개)
　　ケ

한 개 1個　두 개 2個　세 개 3個　　사과 두 개 リンゴ2個
ハンゲ　　トゥゲ　　　セゲ　　　　サグァ トゥゲ

● 名 (명)
　　ミョン

한 명 1名　두 명 2名　세 명 3名　　남자 세 명 男性3名
ハンミョン　トゥミョン　セ ミョン　　ナムジャ セ ミョン

● 人 (사람)
　　サラム

한 사람 1人　두 사람 2人　세 사람 3人　　어른 한 사람 大人1人
ハン サラム　トゥ サラム　セ サラム　　　オルン ハン サラム

● 枚 (장)
　　チャン

한 장 1枚　두 장 2枚　세 장 3枚　　우표 두 장 切手2枚
ハンジャン　トゥジャン　セジャン　　ウ ピョ トゥジャン

● 冊 (권)
　　クォン

한 권 1冊　두 권 2冊　세 권 3冊　　책 한 권 本1冊
ハンクォン　トゥクォン　セクォン　　チェク ハン クォン

● 匹 (마리)
　　マリ

한 마리 1匹　두 마리 2匹　세 마리 3匹　　개 세 마리 犬3匹
ハン マリ　　トゥ マリ　　セ マリ　　　　ケ セ マリ

ポイント

・助数詞の前で하나は한と縮まり、둘(2)、셋(3)、넷(4)、스물(20)は、終
　　　　　　　　　　　　　ハナ　　ハン　　トゥル　　セッ　　ネッ　　スムル
　声のㄹ／ㅅが取れ、두、세、네、스무となります。
　　　　　　　　　　トゥ　セ　ネ　スム

第2章　基本表現

- ●時間（시간）
  - シガン
  - 한 시간 1時間　두 시간 2時間　세 시간 3時間　한 시간 기다리다 1時間待つ
  - ハン シガン　　　　トゥ シガン　　　　セ シガン　　　　ハン シガン キダリダ
- ●歳（살）
  - サル
  - 한 살 1歳　두 살 2歳　세 살 3歳　　　여섯살 이상 6歳以上
  - ハン サル　　トゥ サル　　セ サル　　　　ヨソッサル イサン
- ●本（병）
  - ビョン
  - 한 병 1本　두 병 2本　세 병 3本　　　맥주 두 병 ビール2本
  - ハンビョン　　トゥビョン　　セ ビョン　　　メクチュ トゥビョン
- ●人前（인분）
  - インブン
  - 일 인분 1人前　이 인분 2人前　삼 인분 3人前　초밥 일 인분 すし1人前
  - イ リンブン　　　イ インブン　　　サ ミンブン　　　チョバプ イ リンブン

※「〜人前」というときは、漢字語の数字を使います。

休憩　数字の書き方

数字を読むのではなく書くときは、日本語と同じように算用数字だけで書くか、算用数字とハングルを組み合わせて書きます。

　　2002年　　　→　　**2002 년**
　　　　　　　　　　　　イチョンイニョン
　　1億2000万名　→　　**1억 2천만 명**
　　　　　　　　　　　　イ ロク イチョンマン ミョン

休憩 漢字語数字はどんな場合に使う？

1. 単位

100g 백 그램 （ペッ クレム）　5kg 오 킬로그램 （オ キログレム）　2t 이 톤 （イ トン）

3cm 삼 센티미터 （サム センティミトゥ）　4m 사 미터 （サ ミトゥ）　5km 오 킬로미터 （オ キロミトゥ）

10m² 십 평방미터 （シッピョンバンミトゥ）　80% 팔십 퍼센트 （パルシプ ポセントゥ）

15分42秒 십오 분 사십이 초 （シボ ブン サシビ チョ）

2. 通貨

15万ウォン 십오만 원 （シボマ ノウン）　500万円 오백만 엔 （オベン マ ネン）

2000万ドル 이천만 달러(불) （イチョンマンダルロ ブル）　500ウォン硬貨 오백 원짜리 （オ ベ グォンチャリ）

1,000ウォン札 천 원짜리 （チョ ヌォンチャリ）

3. 電話番号

123-4567 일이삼의 사오륙칠 （イリサメ サオリュクチル）

02-940-4403 공이의 구사공의 사사공삼 （コンイエ クサゴンエ ササゴンサム）

887-3411 팔팔칠의 삼사하나하나 （일일） （パルパルチレ サムサ ハナ ハナ イルイル）

* 電話番号の読み方は、日本語と同じように、ひとつひとつの数字を読み、ハイフンは「の」にあたる 의 （エ）で結びます。電話番号の場合には、0は普通 공 （コン）を使います。また1が並ぶと、固有語の 하나 （ハナ）を使うことがあります。

4. 年月日・所在地

1988年9月15日 천구백팔십팔년 구월 십오일 （チョング ベク パルシッパルリョン クウォル シボ イル）

鍾路4街51番地○○ビル302号室
종로 사가 오십일번지 ○○빌딩 삼백이호실 （チョンノ サガ オシビルボンチ ビルディン サンベギホシル）

5. 回数・順番

1回 한 번 （ハン ボン）　2回 두 번 （トゥ ボン）　1番 일 번 （イル ボン）　2番 이 번 （イ ボン）

* 번 （ボン）は、回数を表すときは固有語の数字を、順番を表すときは漢字語の数字を用います。

第11課 希望、願望を表す

～ください。

이거 주세요.	これをください。
이거하고 이거 주세요.	これとこれをください。
그거 2개 주세요.	それを2つください。
반만 주세요.	半分だけください。
감기약 주세요.	かぜ薬をください。
커피 1잔 주세요.	コーヒーを1杯ください。

ポイント

ほしいものの名前に주세요をつけるだけです。名前がわからなければ、指さして이거 주세요と言いましょう。第16課の指示代名詞もおぼえておいてください。

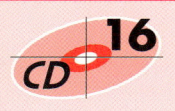

「~をください」「~したいです」と希望や願望を表す場合も、基本を押さえてしまえば簡単です。ここでは買い物などでよく使う表現をおぼえましょう。

환전하고 싶은데요. 両替したいのですが。
ファンジョナゴ　シップンデヨ

전화하고 싶은데요. 電話したいのですが。
チョノァハゴ　シップンデヨ

이거 사고 싶은데요. これを買いたいのですが。
イゴ　サゴ　シップンデヨ

잘라 주세요. 切ってください。
チャルラ　ジュセヨ

싸 주세요. 包んでください。
サ　ジュセヨ

휴게　市場での買い物

韓国の市場に出かけて、ほしいものがあったら、おばさんに**아줌마, 이거 주세요**と声をかけてみましょう。買い物をすると、何でも量が多いのに驚かされますが、一山いくらというときは、**반만 주세요**と頼むと、むだな買い物をしなくてすみます。
アジュンマ　イゴ　ジュセヨ
パンマン　ジュセヨ

第12課 金額をたずねる

いくらですか？

얼마예요? オルマエヨ	いくらですか？
이거 하나 얼마예요? イゴ ハナ オルマエヨ	これ、1つ いくらですか？
10000원이에요. マヌォニエヨ	1万ウォンです。
비싸요. ピッサヨ	高いです。
싸게 해 주세요. サゲ ヘ ジュセヨ	安くしてください。
더 싼 건 없어요? ト サン ゴン オプソヨ	もっと安いのは ありませんか？

휴게 値段の交渉

最近は韓国でも大型スーパーやコンビニなどが増え、定額販売する店が多くなりましたが、まだまだ個人経営の店や市場などでは、交渉によっては半額ぐらいの値段で買い物ができます。とにかく、**비싸요**／**싸게 해 주세요**と言ってみましょう。
ピッサヨ　サゲ ヘ ジュセヨ

韓国の貨幣単位は、日本の「円」同様ウォン1種類で、金額の大小によって単位は変わるものではありません。ここでは、お金に関する表現をまとめておぼえてしまいましょう。

■韓国の貨幣

- ●硬貨
  - 십원（シブォン） 10ウォン
  - 오십원（オ シブォン） 50ウォン
  - 백원（ペ グォン） 100ウォン
  - 오백원（オ ベグォン） 500ウォン

- ●紙幣
  - 천원（チョヌォン） 1,000ウォン
  - 오천원（オ チョヌォン） 5,000ウォン
  - 만원（マ ヌォン） 10,000ウォン

- ●小切手 수표（ス ピョ）

※ 日本では「1万円札」「500円玉」という言い方をしますが、ウォンは硬貨、紙幣ともに「〜원짜리（ウォンチャリ）」と言います。

휴게　便利な現金小切手

　最近の為替レートでは、ウォンは日本円の約10倍で、1万円を換金すると10万ウォンぐらいになります。財布がかなりかさばってしまうので、そんなときは現金小切手を使うと便利です。小切手にも10万、50万、100万と種類がありますが、10万ウォン程度の小切手なら、ほぼ現金と同じように使え、銀行の自動支払機などにも備えてあります。

第13課 年月日の言い方

何月何日ですか？

오늘은 몇월
オ ヌ ルン ミョドゥオル
며칠이에요?
ミョッ チ リ エ ヨ

今日は何月何日
ですか?

10월 11일이에요.
シ ウォル シビ リ リ エ ヨ

10月11日です。

생일이 언제예요?
セン イ リ オンジェ エ ヨ

誕生日は
いつですか?

6월 30일입니다.
ユ ウォル サムシ ビ リム ニ ダ

6月30日です。

생일이 언제에요?

ポイント

「何月」の 몇월は、며월と発音します。また「何日」は、몇일または며칠と書きます。
ミョドゥオル ミョドゥオル ミョチル ミョチル

年月日の言い方は特に難しくありませんが、発音を注意する点がいくつかあります。「いくつ？」を表す몇(ミョッ)は月日や時間をたずねる場合にも使えます。

■年月日の言い方

● **年**（년 ニョン）…… 漢字語の数字を使い、日本語と同じく、前から順に読みます。

천 구백 구십년 (チョンベク クシムニョン)　1990年

이천 이년 (イチョン イニョン)　2002年

● **月**（월 ウォル）…… 漢字語の数字を使いますが、6月と10月は変化するので注意してください。

일월 (イロル)	1月	이월 (イウォル)	2月	삼월 (サムォル)	3月	사월 (サウォル)	4月
오월 (オウォル)	5月	유월 (ユウォル)	6月	칠월 (チルォル)	7月	팔월 (パルォル)	8月
구월 (クウォル)	9月	시월 (シウォル)	10月	십일월 (シビルォル)	11月	십이월 (シビウォル)	12月

● **日**（일 イル）…… 漢字語の数字を使います。「10日」「11日」「12日」は発音がまぎらわしいので注意してください。

일일 (イリル)	1日	이일 (イイル)	2日	삼일 (サミル)	3日	사일 (サイル)	4日
오일 (オイル)	5日	육일 (ユギル)	6日	칠일 (チリル)	7日	팔일 (パリル)	8日
구일 (クイル)	9日	십일 (シビル)	10日	십일일 (シビリル)	11日	십이일 (シビイル)	12日
이십일 (イシビル)	20日	삼십일 (サムシビル)	30日	삼십일일 (サムシビリル)	31日		

関連単語

올해 (オレ)	今年	내년 (ネニョン)	来年	작년 (チャンニョン)	昨年	재작년 (チェジャンニョン)	一昨年
이달 (イダル)	今月	다음달 (タウムタル)	来月	지난달 (チナンダル)	先月		

第2章　基本表現

第14課 曜日の言い方

何曜日ですか？

오늘 무슨 요일이에요? (オヌル ムスン ニョイリエヨ)	今日は何曜日ですか？
수요일이에요. (スヨイリエヨ)	水曜日です。
이번 크리스마스는 무슨 요일이에요? (イボン クリスマスヌン ムスン ニョイリエヨ)	今度のクリスマスは何曜日ですか？
토요일이에요. (トヨイリエヨ)	土曜日です。

ポイント

「何個」「何人」「何日」「何時」などとたずねるときには、몇(ミョッ)を使いますが、「何曜日」のときには무슨(ムスン)を使うので気をつけましょう。

この課で曜日の言い方をおぼえます。曜日は、日本語と発音がよく似ています。実際に発音するときには、リエゾンするので注意しましょう。

■曜日の言い方

[発音通りに表記すると…]

월요일 (ウォリョイル)	月曜日	→	워료일 (ウォリョイル)
화요일 (ファヨイル)	火曜日		
수요일 (スヨイル)	水曜日		
목요일 (モギョイル)	木曜日	→	모교일 (モギョイル)
금요일 (クミョイル)	金曜日	→	그묘일 (クミョイル)
토요일 (トヨイル)	土曜日		
일요일 (イリョイル)	日曜日	→	이료일 (イリョイル)
공휴일 (コンヒュイル)	休日		
쉬는날(노는날) (シュィヌンナル／ノヌンナル)	休みの日		

※ 右欄は発音通りに分かりやすく表記したもので、リエゾンする場合も実際は左のように表記します。

※「休日」は、普通 공휴일(コンヒュイル)／쉬는 날(シュィヌン ナル)を使いますが、휴일(ヒュイル)（休日）とも言います。

関連単語

오늘 (オヌル)	今日	내일 (ネイル)	明日	모레 (モレ)	明後日
어제 (オジェ)	昨日	그저께(그제) (クジョッケ／クジェ)	一昨日		
이번 주 (イボン ジュ)	今週	다음 주 (タウム ジュ)	来週	지난 주 (チナン ジュ)	先週

第15課 時間の言い方

何時ですか？

지금 몇 시예요? チグム ミョッ シ エ ヨ	今、何時ですか？
세 시 십오분 이에요. セ シ シ ボ ブ ニ エ ヨ	3時15分です。
몇 시에 만날까요? ミョッ シ エ マン ナルッ カ ヨ	何時に会いましょうか？
세 시 반에 만나요. セ シ バ ネ マン ナ ヨ	3時半に会いましょう。

ポイント

- 「～時30分」の表し方には、日本語同様、半分を表す「반(バン)」と「30분(サムシップン)」の2通りあります。

※例文では読み方が分かるようにハングルで示しましたが、実際に書くときは、「3시 15분」「3시 30분」と算用数字で書きます。
セ シ シボブン　セ シ サムシップン

関連単語							
오전(オジョン) 午前	오후(オフ) 午後	정오(チョンオ) 正午	새벽(セビョク) 明け方
아침(アチム) 朝	점심(チョムシム) 昼	저녁(チョニョク) 夕方	밤(パム) 夜	밤중(パムチュン) 夜中

時間を表す場合、「〜時」と言うときは固有語の数字を、「〜分」と言うときは漢字語の数字を使いますので注意してください。混同しないように十分練習しましょう。

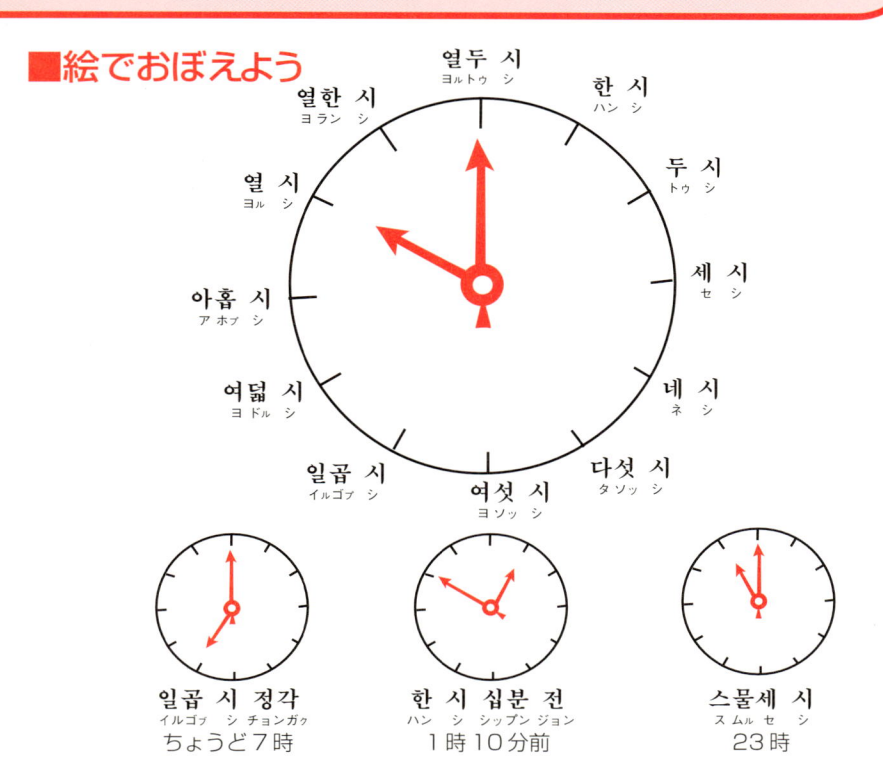

■絵でおぼえよう

열두 시 ヨルトゥ シ
열한 시 ヨラン シ
한 시 ハン シ
열 시 ヨル シ
두 시 トゥ シ
아홉 시 アホプ シ
세 시 セ シ
여덟 시 ヨドル シ
네 시 ネ シ
일곱 시 イルゴプ シ
여섯 시 ヨソッ シ
다섯 시 タソッ シ

일곱 시 정각
イルゴプ シ チョンガク
ちょうど7時

한 시 십분 전
ハン シ シップン ジョン
1時10分前

스물세 시
スムル セ シ
23時

※13時〜24時の数え方は固有語、漢字語の両方を使います。

ポイント

「〜時」(시) がつく場合は、하나→한 (시)、둘→두 (시)、셋→세 (시)、넷→네 (시)、
ハナ ハン シ トゥル トゥ シ セッ セ シ ネッ ネ シ
열둘→열두 (시) のように、数字が変化することに注意しましょう。
ヨルトゥル ヨル トゥ シ

第16課 場所やものを指すことば

どこですか？

어디에 있어요? オ ディ エ イッ ソ ヨ	どこにありますか？
저기, 화장실이 チョ ギ　ファジャン シ リ 어디예요? オ ディ エ ヨ	あのう、 トイレはどこですか？
저기 있어요. チョ ギ　イッ ソ ヨ	あそこにあります。
지하철역이 チ ハ チョルリョ ギ 어디예요? オ ディ エ ヨ	地下鉄の駅は どちらですか？
이쪽이에요. イッ チョ ギ エ ヨ	こちらです。

💡 ポイント

「〜から」は、「〜에서」ですが、「ここから／そこから／あそこから」は、여기서／
ヨギソ
거기서／저기서のように、에が省略されます。
コギソ　チョギソ　　　　　エ

この課では、道やものをたずねるときに必要な表現をおぼえましょう。指示代名詞をしっかりおぼえてしまえば、応用がききます。

여기서 어떻게 가지요?
ヨギソ オットッケ カジヨ

ここからどうやって行けばいいですか？

똑바로 가면 하얀 건물이 나와요.
トッパロ ガミョン ハヤン コンムリ ナワヨ

まっすぐ行くと、白い建物に出ます。

길을 건너 가세요.
キルル コンノ ガセヨ

道を渡っていってください。

ポイント

指示代名詞

이 この	이것（이거） これ	여기 ここ
イ	イゴッ イゴ	ヨギ
그 その	그것（그거） それ	거기 そこ
ク	クゴッ クゴ	コギ
저 あの	저것（저거） あれ	저기 あそこ
チョ	チョゴッ チョゴ	チョギ
어느 どの	어느것（어느거） どれ	어디 どこ
オヌ	オヌゴッ オヌゴ	オディ

※会話では括弧内の이거、그거、저거、어느거がよく使われます。
イゴ クゴ チョゴ オヌゴ

휴게 日本人の発音

　第1章で学んだように、韓国語には、発音が平板な日本語にはない、激音・濃音という強弱のはっきりした特有の発音があります。文法構造が日本語と似ているとはいえ、初めて韓国に行った日本人は、口角泡を飛ばす激しい語調に違和感をおぼえるようですが、その大きな理由は、この激音・濃音にあります。この発音の違いが、日韓の国民性の違いをそのまま表しているような気もします。

　ところで日本語の発音が、いわゆる平音だけかというと、必ずしもそうではないようです。第1章で比較として取り上げた「やっぱり」「きっちり」などは濃音に近いですし、このほか日常何気なく発している日本語の中にも、平音より濃音や激音に近い音がたくさんあります。

　汚い例で恐縮ですが、お金を韓国語では「돈」と言い、「お金をください」は「돈 주세요.」となります。ところが、日本人の発音では、この「돈 주세요.（トンジュセヨ）」が「똥 주세요.（トンジュセヨ）」に聞こえてしまうことがしばしばあります。ㄴとㅇの区別がつかないのはしかたないとしても、平音のㄷが濃音のㄸに聞こえてしまうのはなぜなのでしょうか？（ちなみに똥はウンチの意味です。）

　話は少々変わりますが、韓国語では「ん」にあたる音が3種類（ㄴ(n)、ㅁ(m)、ㅇ(ŋ)）あります。実は日本人もこの3種類の「ん」を、無意識のうちに使い分けているのです。「みんな」というときの「ん」はㄴ(n)ですし、「万博」というときの「ん」はㅁ(m)、「考える」の「ん」はㅇ(ŋ)に近い音です。

　日本語の場合、「ん」の次にくる音によって、前の「ん」の音が決まってくるのです。ただ、日本人の多くがそれを意識せず、みな同じ「ん」だと思っているだけなのです。書く音と実際話す音には、ずいぶん違いがあるものです。

第3章

応用表現

第1課 「～です／～ます」（肯定・疑問①）

일본사람입니다.
— 日本人です。

남 성: **저, 한국분입니까?**

아 미: **아니에요. 일본사람입니다.**

남 성: **그런데, 한국말 잘 하시네요.**

아 미: **고맙습니다.**

남 성: **여행 가세요?**

아 미: **아니에요. 유학을 갑니다.**

남 성: **아 그래요?**
어느 학교에 갑니까?

아 미: **연세대학교에 갑니다.**

日本からソウルに向かう飛行機の中で、亜美は隣の席の男性に話しかけられます。

男　性：	あのう、韓国の方ですか？	
亜　美：	違います。日本人です。	
男　性：	それにしては、韓国語が上手ですね。	
亜　美：	ありがとうございます。	
男　性：	旅行ですか？	
亜　美：	いいえ、留学に行くんです。	
男　性：	ああ、そうですか。	
	どこの学校に行かれるんですか？	
亜　美：	ヨンセ大学です。	

日本語訳

単語とフレーズ

저	あの…		여행	旅行
한국분	한국（韓国）＋분（方）		유학	留学
	＝韓国の方		갑니까?	行きますか？
아니에요	いいえ／違います		갑니다	行きます
일본사람	日本人		그래요?	そうですか
그런데	ところで		학교	学校
잘 하시네요	上手ですね		대학교	大学
고맙습니다	ありがとうございます			

第3章　応用表現

第1課 これでもっと通じる！

肯定①：フォーマルな「～です／～ます」　　　　　　　　　　　　　　　日本人**です**。

$$\underset{\text{名詞}}{\underset{\text{イルボンサラ}}{일본사람}}\underset{\text{です}}{\underset{\text{ミムニダ}}{입니다.}}$$

　序章でも説明しましたが、韓国語と日本語の語順はほとんど同じです。従って、名詞・動詞・形容詞に「～です／～ます」に該当する文末表現を組み合わせるだけで、ごく一般的な肯定文が作れます。
　この課ではまず、フォーマルな肯定文について学習していきます。

フォーマルな肯定文

　名詞、動詞、形容詞の品詞ごとに「～です／～ます」との組み合わせを見ていきます。

■ **名詞＋です**　〈名詞＋입니다〉

　名詞の語尾が母音・子音に関係なく、입니다をつけるだけ。

　일본사람（日本人）＋ **입니다**（です）＝ 일본사람입니다（日本**です**）
　　イルボン　サラ　　　　　　　　　　イムニダ　　　　　　　　　　イルボン　サ ラ ミ　ムニダ

■ **動詞＋ます**　〈動詞＋ㅂ니다/습니다〉

● 動詞の基本形の語尾**다**の前が**母音**で終わっている場合：**다**を取って**ㅂ니다**をつける。

　가다（行く）＋ **ㅂ니다**（ます）＝ **갑니다**（行きます）
　　カダ　　　　　　　ムニダ　　　　　　　　　　カムニダ
　　└─ 母音で終わる文字

● **다**の前が**子音**で終わっている場合：**다**を取って**습니다**をつける。

　먹다（食べる）＋ **습니다**（ます）＝ 먹습니다（食べます）
　　モクタ　　　　　　　スムニダ　　　　　　　　　モクスムニダ
　　└─ 子音で終わる文字

　＊子音ㅂは、前にくる文字**가**と合成されて、**갑**となります。

■ **形容詞・形容動詞＋です** 〈形容詞（形容動詞）＋ㅂ니다/습니다〉

- 形容詞の基本形の語尾**다**の前が**母音**で終わっている場合：**다**を取って**ㅂ니다**をつける。

  예쁘다（きれい） ＋ ㅂ니다（です） ＝ 예쁩니다（きれいです）
  _{イェップ ダ}　　　　　　_{ム ニ ダ}　　　　　　　_{イェップム ニ ダ}
  └─ 母音で終わる文字

- **다**の前が**子音**で終わっている場合：**다**を取って**습니다**をつける。

  반갑다（うれしい） ＋ 습니다（です） ＝ 반갑습니다（うれしいです）
  _{パン ガプ ダ}　　　　　　_{スム ニ ダ}　　　　　　　_{パン ガプ スム ニ ダ}
  └─ 子音で終わる文字

＊子音**ㅂ**は、前にくる文字**쁘**と合成されて、**쁩**となります。

疑問①：フォーマルな「～ですか？／～ますか？」　　　　　韓国の方ですか？

한국분입니까？
_{ハン グッ プ　　ニム ニッ カ}
名詞　　　ですか？

フォーマルな疑問文

フォーマルな疑問文もあわせておぼえましょう。肯定文の「～**입니다**」「～**ㅂ니다/～습니다**」の語尾**다.**を**까?**に置きかえるだけで疑問文になります。

일본사람입니**다.**（日本人**です**。）　→　일본사람입니**까?**（日本人**ですか?**）
_{イル ボン サ ラ ミム ニ ダ}　　　　　　　　　　_{イル ボン サ ラ ミム ニッ カ}

갑니**다.**（行き**ます**。）　→　갑니**까?**（行き**ますか?**）
_{カム ニ ダ}　　　　　　　　　　_{カム ニッ カ}

예쁩니**다.**（きれい**です**。）　→　예쁩니**까?**（きれい**ですか?**）
_{イェップム ニ ダ}　　　　　　　　　　_{イェップム ニッ カ}

> 일본사람입니다.
> 日本人です。

第3章 応用表現

第2課 「〜です／〜ます」（肯定・疑問②）

프라자호텔이에요.
―プラザホテルです。

아 미 : **아저씨, 트렁크 좀 열어 주세요.**

운전기사 : **네. 잠깐만 기다리세요.**
어디로 가세요?

아 미 : **프라자호텔이에요.**

운전기사 : **손님은 어디서 오셨어요?**

아 미 : **일본에서 왔어요.**

◆ ◆ ◆

운전기사 : **자, 이제 다 왔습니다.**

아 미 : **고맙습니다.**

空港に着いた亜美は、タクシーでホテルに向かおうとしています。

亜　美：	すみません、ちょっとトランクを開けてください。	
運転手：	はい。ちょっと待ってください。	
	行き先はどちらですか？	
亜　美：	プラザホテルです。	
運転手：	お客さんは、どちらからいらっしゃいましたか？	
亜　美：	日本から来ました。	

◆　◆　◆

運転手：	さあ、着きましたよ。	
亜　美：	ありがとうございました。	

単語とフレーズ

트렁크	トランク	에서	〜から
좀	ちょっと／少し	왔어요	来ました
잠깐만 기다리세요	少々お待ちください	자	さあ
손님	お客さん	이제	もう／そろそろ
어디서	どこから	다 왔습니다	(ほとんど) 着きました
오셨어요	いらっしゃいましたか	고맙습니다	ありがとうございます

第3章　応用表現

第2課 これでもっと通じる！

肯定②：一般的な「〜です／〜ます」　　　　　　　プラザホテルです。

プラジャホテル**이에요.**
プラジャホテリエヨ
　名詞　　　です

第1課で学習したのはもっともフォーマルな表現でしたが、ここでは、それよりも一般的な、会話でよく用いられる肯定の表現について学習します。

本書では、これからこの一般的な表現の例文を中心に取り上げていきます。第1課で学習したフォーマルな表現と、状況によって使い分けましょう。

一般的な肯定文

第1課と同じく品詞ごとに見ていきます。

■ **名詞＋です**　〈名詞＋**에요/이에요**〉

● 名詞の語尾が**母音**で終わっている場合：そのまま**에요**をつける。

트렁크（トランク）＋**에요**（です）＝트렁크**에요.**（トランクです。）
トゥロンク　　　　　　エヨ　　　　　　トゥロンクエヨ

● **子音**で終わっている場合：そのまま**이에요**をつける。

호텔（ホテル）＋**이에요**（です）＝호텔**이에요.**（ホテルです。）
ホテル　　　　　　イエヨ　　　　　　ホテリエヨ

■ **動詞・形容詞＋です**　〈動詞・形容詞＋**아요/어요**〉

● 動詞・形容詞の基本形の語尾**다**の前が**母音のㅏ、ㅗ**で終わっている場合：**다**を取って**아요**をつける。

＊**다**の前が**母音ㅏ**で終わっている場合は、同じ母音が続くことから1つの母音になります（このとき間にある無声子音ㅇは省略されます）。

　　　　　　　　　　　　同じ母音　　無声子音
가다（行く）＋**아요**（ます）＝가아요.
カダ　　　　　　アヨ
└─ 母音のㅏで終わる文字　　　　　＝ **가**요.（行きます。）
　　　　　　　　　　　　　　　　　　カヨ

＊다の前が**母音ㅗ**で終わっている場合は、ㅗと아が結合して와になります。

오다（来る）＋**아요**（ます）＝오**아**요.
オダ　　　　　　アヨ
└─母音のㅗで終わる文字
　　　　　　　　　　　　　　　＝**와**요.（来ます。）
　　　　　　　　　　　　　　　　ワヨ

● 다の前が**母音の**ㅏ、ㅗ**以外**で終わっている場合：다を取って**어요**をつける。

있다（ある）＋**어요**（ます）＝있**어**요.（あります。）
イッタ　　　　　　オヨ　　　　　　イッソヨ
└─母音のㅏ、ㅗ以外で終わる文字

一般的な疑問文

一般的な疑問文の形は肯定文と変わりません。文末に？をつける（最後のイントネーションを上げる）だけで疑問文になります。

■ **名詞＋ですか？**　〈名詞＋예요?/이에요?〉

● 名詞の語尾が**母音**で終わっている場合：そのまま**예요?**をつける。

어디（どこ）＋**예요?**（ですか？）＝어디**예요?**（どこですか？）
オディ　　　　　　エヨ　　　　　　　オディエヨ

● **子音**で終わっている場合：そのまま**이에요?**をつける。

한국（韓国）＋**이에요?**（ですか？）＝한국**이에요?**（韓国ですか？）
ハングッ　　　　　イエヨ　　　　　　ハングギエヨ

■ **動詞・形容詞＋ですか？**　〈動詞・形容詞＋아요?/어요?〉

● 動詞・形容詞の基本形の語尾다の前が**母音**ㅏ、ㅗで終わっている場合：다を取って**아요?**をつける。

타다（乗る）＋**아요?**（ますか）＝타**아요?**＝타요?（乗りますか？）
タダ　　　　　　アヨ　　　　　　タアヨ　　タヨ
└─母音がㅏ、ㅗで終わる文字

● 다の前が**母音の**ㅏ、ㅗ**以外**で終わっている場合：다を取って**어요?**をつける。

있다（あり）＋**어요?**（ますか）＝있**어요?**（ありますか？）
イッタ　　　　　　オヨ　　　　　　イッソヨ
└─母音のㅏ、ㅗ以外で終わる文字

※ 動詞、形容詞には不規則に活用するものもあります（p168参照）。

第3課 「〜ます」（意志／未来）

카드로 하시겠어요?
— カードになさいますか？

아 미 : **안녕하세요?**
저는 요시다 아미라고 하는데요.

프런트 : **네, 예약을 하셨나요?**

아 미 : **예, 일본에서 예약을 했어요.**

프런트 : **네, 잠깐만 기다리세요. 아, 요시다씨,
2박3일로 예약을 하셨네요.**

아 미 : **네.**

프런트 : **지불은 현금으로 하시겠어요?
카드로 하시겠어요?**

아 미 : **카드로 낼게요.**

프런트 : **그럼, 여기에 기입해 주세요.**

亜美はホテルに着いて、チェックインします。ホテルは日本で予約してありました。

亜　　美：	こんばんは。 わたしは吉田亜美といいますが。
フロント：	はい、予約なさいましたか？
亜　　美：	はい、日本で予約しました。
フロント：	はい、少々お待ちください。あ、吉田様、 ２泊３日で予約されましたね。
亜　　美：	はい。
フロント：	お支払いは、現金になさいますか？ カードになさいますか？
亜　　美：	カードで払います。
フロント：	では、こちらにご記入ください。

単語とフレーズ

예약	予約	현금	現金
～나요?	～ましたか？	카드	カード
～에서	～で	낼게요	払います
～박～일	～泊～日	그럼	では
～씨	～さん／～様	기입	記入
～네요	～ね（確認、感嘆などの意）		
지불	支払い		

第3課 これでもっと通じる！

| 意志／未来：「〜ます」 | カードになさいますか？ |

카드로 하시겠어요?
<small>カ ドゥ ロ　ハ シ ゲッ ソ ヨ</small>
__動詞＋ますか？__

　この課では自分の意志を相手に伝えたり、相手の意志をたずねたりする表現を学習します。

　韓国語では、自分や相手の意志、未来の時制等を述べる場合の「〜ます」は、第1課や第2課で述べた文末表現「〜ㅂ니다／〜습니다」「〜아요／〜어요」とは区別して表現します。

意志／未来形の表現

　文末表現「〜아요／〜어요」の前に겠をつけるだけで、意志や未来を表す形になります。

■ 動詞＋ます〈動詞＋겠어요〉

動詞の基本形の語尾다を取って겠어요をつける。

저는 사과를 사다（わたしはリンゴを買う）＋ 겠어요（ます）
<small>チョヌン　サグァルル　サダ　　　　　　　　　　　　　　ゲッソヨ</small>

＝저는 사과를 사겠어요.（わたしはリンゴを買います。）
<small>チョヌン　サグァルル　サゲッソヨ</small>

저는 이 프로를 보다（わたしはこの番組を見る）＋ 겠어요（ます）
<small>チョヌン　イ　プロルル　ポダ　　　　　　　　　　　　　　ゲッソヨ</small>

＝저는 이 프로를 보겠어요.（わたしはこの番組を見ます。）
<small>チョヌン　イ　プロルル　ポゲッソヨ</small>

＊肯定文の意志や未来を表す겠の主語は一人称しかとりません。反対に、疑問文の場合は二人称しかとりません。

＊疑問文をつくるには、文末に？をつけるだけです。

사과를 사다（リンゴを買う）＋ 겠어요?（ますか？）
<small>サグァルル　サダ　　　　　　　　　　　ゲッソヨ</small>

＝사과를 사겠어요?（リンゴを買いますか？）
<small>サグァルル　サゲッソヨ</small>

＊フォーマルな会話で意志や未来を表すときは、文末表現「〜ㅂ니다/〜습니다」の前に겠をつけ「〜겠습니다」となります。

■ **なさいますか？（なさる＋ますか？）** 〈하시다＋겠어요?〉

会話に出てきた「現金になさいますか？　カードになさいますか？」の「〜なさいますか？」は、하다（する）を하시다（なさる）に変えた敬語表現です。（p150参照）

「なさる」の語尾다を取って겠어요?をつけます。

하시다（なさる）＋ 겠어요?（ますか？）＝ 하시겠어요?（なさいますか？）
　ハシダ　　　　　　　ゲッソヨ　　　　　　　　　　ハシゲッソヨ

＊フォーマルな会話の場合は、語尾다を取って겠습니까?をつけます。

自分の意志を表す表現　　　　　　　　　　　　カードで払います。

$$카드로\ 낼게요.$$
カドゥロ　ネッケヨ
動詞＋ます。

自分の意志を表す表現

自分の意志を相手に伝えるときには「〜ㄹ게요/〜을게요」の形も使われます。これは意志を表すとともに、相手への約束の意も示します。この表現は78ページの「〜겠어요」が相手の意志も表すことができるのに対して自分の意志を表す場合にしか使えず、疑問文は作れません。

■ **動詞＋ます** 〈動詞＋ㄹ게요/을게요〉

● 動詞の基本形の語尾다の前が**母音**で終わっている場合：다を取ってㄹ게요をつける（게の発音は濃音になります）。

　　제가 내다（わたしが払う）＋ ㄹ게요（ます）
　　チェガ ネダ　　　　　　　　　ルッケヨ
　　＝ 제가 낼게요.（わたしが払います。）
　　　　チェガ ネッケヨ

＊子音ㄹは、前にくる文字내と合成されて、낼となります。

● 다の前が**子音**で終わっている場合：다を取って을게요をつける（게の発音は濃音になります）。

　　먹다（食べる）＋ 을게요（ます）＝ 먹을게요.（食べます。）
　　モクタ　　　　　ウルケヨ　　　　　モグルッケヨ

第4課 「〜でした／〜ました」（過去形）

좋은 물건이 없었어요.
―よい物件はありませんでした。

사무원： **어서 오세요.**
어떻게 오셨습니까?

아 미： **오피스텔을 구하러 왔어요.**

사무원： **다른 복덕방에도 가보셨어요?**

아 미： **네, 그런데 좋은 물건이 없었어요.**

사무원： **연희동에 좋은 물건이 있어요.**

아 미： **집세가 어떻게 됩니까?**

사무원： **보증금 1000만원에**
월세 60만원입니다.

3か月間、韓国で短期留学する亜美は、部屋を探すために不動産屋をまわっています。

日本語訳

事務員： いらっしゃいませ。
　　　　 どんなご用ですか？
亜　美： マンションを借りようと思ってきました。
事務員： ほかの不動産屋へも行きましたか？
亜　美： ええ、でも、よい物件はありませんでした。
事務員： ヨニドンによい物件がありますよ。
亜　美： 家賃はどれくらいですか？
事務員： 保証金 1,000万ウォンに
　　　　 月々の家賃は60万ウォンです。

単語とフレーズ

어서 오세요	いらっしゃい(ませ)	물건	物件
어떻게	どうやって／どうして	집세	（保証金を含めた）家賃
오피스텔	オフィス兼用マンション	보증금	保証金
～하러	～しに	월세	（月々の）家賃
복덕방	不動産屋		

第3章 応用表現

第4課 これでもっと通じる！

過去形：「〜でした／〜ました」
よい物件はありません<u>でした</u>。

좋은 물건이 없<u>었어요</u>.
チョ ウン　ムル ゴ ニ　オプ ソッ ソ ヨ
　　　　　　　　　　　　でした（過去）

　この課では、すでに起こったことを述べる「〜でした」「〜ました」にあたる表現を学習します。

過去形の肯定文

■ **名詞＋でした** 〈名詞＋였어요 / 이었어요〉

● 名詞の語尾が**母音**で終わっている場合：そのままを였어요つける。

친구（友だち）＋**였어요**（でした）＝친구였어요.（友だち<u>でした</u>。）
チン グ　　　　　　　ヨッ ソ ヨ　　　　　　　チン グ ヨッ ソ ヨ

● **子音**で終わっている場合：そのまま이었어요をつける。

오피스텔（マンション）＋**이었어요**（でした）
オ ピ ス テル　　　　　　　　イ オッ ソ ヨ
＝오피스텔이었어요.（マンション<u>でした</u>。）
オ ピ ス テ リ オッ ソ ヨ

■ **動詞・形容詞＋でした** 〈動詞・形容詞＋았어요 / 었어요〉

　動詞・形容詞の場合、これまで学習した文末表現「〜아요／〜어요」の前に았または었をつけるだけで過去形になります。どちらをつけるかは語尾다前の文字の形によって変わってきます。

● 動詞・形容詞の基本形の語尾다の前の**母音**がト、ㅗで終わっている場合：다を取って**았어요**をつける。

가다（行く）＋**았어요**（ました）＝가았어요.
カ ダ　　　　　　アッ ソ ヨ
　　　　　　　　　　　　＝ **갔**어요.（行き<u>ました</u>。）
　　　　　　　　　　　　　 カッ ソ ヨ

좋다（よい）＋ 았어요（ました）＝ 좋았어요.（よかったです。）
チョッタ　　　　　　アッソヨ　　　　　　　　チョアッソヨ

＊同じ母音が続く場合は１つの母音になります（このとき間にある無声子音ㅇは省略されます）。また、同じ母音が続いていても「する」を「しました」とする場合は、例外的に不規則変化します（ㅏ＋ㅏ→ㅐ）

하다（する）＋ 았어요（ました）　＝ 하았어요.
ハダ　　　　　　アッソヨ
　　　　　　　　　　　　　　　　＝ 했어요.　（しました。）
　　　　　　　　　　　　　　　　　　ヘッソヨ

다の前が**母音のㅏ、ㅗ以外**で終わっている場合：다を取って었어요をつける。

마시다（飲む）＋ 었어요（ました）＝ 마시었어요.
マシダ　　　　　　オッソヨ
　　　　　　　　　　　　　　　　　＝ 마셨어요.（飲みました。）
　　　　　　　　　　　　　　　　　　マショッソヨ

＊母音 ㅣと ㅓが続く場合は ㅕとなり、１つの文字になります。

＊フォーマルな会話の場合も、一般的な会話と同様「〜ㅂ니다／〜습니다」の前に았または었をつけます。

疑問：過去形「〜でしたか？／〜ましたか？」　ほかの不動産屋へも行きましたか？

다른 복덕방에도 가보셨어요?
タルン　ポットゥパンエド　カボ　ショッソヨ
　　　　　　　　　　　　　　　ましたか？

過去形の疑問文

　一般的な過去形の疑問文の形は肯定文と変わりません。文末に？をつける（最後のイントネーションを上げる）だけで疑問文になります。

갔어요.（行きました。）　→　갔어요?（行きましたか？）
カッソヨ　　　　　　　　　　　カッソヨ

＊가보셨어요は가다（行く）＋〜보다（〜てみる）＋〜시다（〜なさる）の複合語です（p90、150参照）。

※動詞、形容詞には不規則に活用するものもあります（p168参照）。

第5課 「〜てください」（依頼）

가르쳐 주세요.
―教えてください。

아 미 : 저, 요시다 아미라고 하는데요,
6급 교과서를 주세요.

사무원 : 네, 문법, 회화, 부교재,
합해서 7만원입니다.

아 미 : 제 클래스를 가르쳐 주세요.

사무원 : 요시다 아미씨…, 6급 A클래스입니다.

아 미 : 선생님은 누구시지요?

사무원 : 이 희수 선생님입니다.

아 미 : 네, 알겠습니다. 감사합니다.

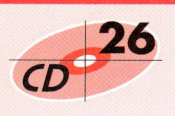

亜美は明日から始まる授業のために、留学先の大学の語学センターを訪れました。

亜　美：あの、吉田亜美といいますが、6級の教科書をください。
事務員：はい、文法、会話、副教材、全部で7万ウォンです。
亜　美：わたしのクラスを教えてください。
事務員：吉田亜美さん…、6級のAクラスです。
亜　美：先生はどなたですか？
事務員：イ・ヒス先生です。
亜　美：はい、分かりました。ありがとうございました。

日本語訳

第3章　応用表現

単語とフレーズ

교과서	教科書	클래스	クラス
주세요	ください	가르쳐 주세요	教えてください
문법	文法	선생님	先生
회화	会話	누구	どなた
부교재	副教材	알겠습니다	分かりました
합해서	全部で／あわせて		

第5課 これでもっと通じる！

> **依頼：「～てください」**　　　　　　　　　　　　　教えてください。
>
> 가르쳐 주세요.
> カルチョ ジュセヨ
> 　　　 ください（依頼）

　この課では、「～てください」と、人にものを頼んだり、相手の行動を促したりするときの依頼やていねいな命令の表現について学習します。

人にものを頼む

　相手に「～してください」と、頼むときの基本的な表現は以下のとおりです。～세요は、日本語の命令表現の「～せよ」と音が似ているので、おぼえやすいでしょう。

■ **動詞＋ください**　〈動詞＋아 주세요／어 주세요〉

- 動詞の基本形の語尾다の前が**母音の**ㅏ、ㅗで終わっている場合：다を取って아 주세요をつける。

  사다（買う）＋아 주세요（ください）＝사아 주세요.
  サダ　　　　　　 ア ジュセヨ
  　　　　　　　　　　　　　　　　　　＝사 주세요.（買ってください。）
  　　　　　　　　　　　　　　　　　　　サ ジュセヨ

  ＊同じ母音が続く場合は１つの母音になります。（p74参照）

- 다の前が**母音の**ㅏ、ㅗ**以外**で終わっている場合：다を取って어 주세요をつける。

  가르치다（教える）＋어 주세요（ください）
  カルチダ　　　　　　 オ ジュセヨ
  ＝가르치어 주세요.
  ＝가르쳐 주세요.（教えてください。）
  　カルチョ ジュセヨ

  ＊フォーマルな会話の場合は、주세요の代わりに주십시오を使います。

ていねいな命令形

ていねいな命令形で、本来日本語の「〜なさい」にあたる表現です。現在では「〜ください」と訳しますが、依頼というより命令的な意味合いの強い表現で、おもに相手に行動を促すときに使います。

■ **動詞＋ください** 〈動詞＋세요／으세요〉

● 動詞の基本形の語尾**다**の前が**母音**で終わっている場合：**다**を取って세요をつける。

내일 오다（明日来る）＋세요（ください）
　ネイル　オダ　　　　　　　　　　セヨ
＝내일 오세요.（明日来てください。）
　ネイル　オセヨ

● **다**の前が**子音**で終わっている場合：**다**を取って으세요をつける。

자 앉다（さあ、座る）＋으세요（ください）
チャ　アンタ　　　　　　　　　　ウセヨ
＝자 앉으세요.（さあ、座ってください。）
チャ　アンジュセヨ

＊フォーマルな会話の場合は、세요／으세요のかわりに십시오／으십시오を使います。

※ 動詞、形容詞には不規則に活用するものもあります（p168参照）。

命令形

「〜しろ」「〜しなさい」という命令形も、ここであわせておぼえておきましょう。命令形は「〜**아／어**」「〜**아라／어라**」で表しますが「〜**아라／어라**」は「〜**아／어**」に比べ、かなり強い表現です。また、これらは目上の人に対しては失礼な表現にあたるので、普通は使いません。

빨리 밥 먹다（早くご飯を食べる）＋**어**（しなさい）
パルリ　パム　モッタ　　　　　　　　　　　オ
＝**빨리 밥 먹어.**（早くご飯を食べなさい。）
　パルリ　パム　モゴ

밖에 나가다（外へ出る）＋**아라**（しろ）＝**밖에 나가라.**（外へ出ろ。）
パッケ　ナガダ　　　　　　　　アラ　　　　　　パッケ　ナガラ

第3章　応用表現

87

第6課 「〜て〜」（動作をつなぐ表現）

구워 드시면 돼요.
―焼いて食べればいいんですよ。

점원: 어서 오세요.
뭘 드릴까요?

아미: 쇠고기 한 근만 주세요.
불고기 만드는 법 좀
가르쳐 주세요.

점원: 고기에 당근, 양파, 파를
채썰어 넣고, 간장, 설탕, 후추,
마늘을 넣어 버무린 후,
구워 드시면 돼요.

아미: 생각 보다 간단하군요.

マンションで自炊を始めた亜美は、さっそく買い物に行って韓国の料理に挑戦です。

日本語訳

店　員：	いらっしゃいませ。 何になさいますか？
亜　美：	牛肉を600グラムだけください。 プルゴギの作り方を 教えてください。
店　員：	お肉にニンジン、タマネギ、ネギを 千切りにして入れ、醤油、砂糖、コショウ、 ニンニクを入れて混ぜ合わせ、 焼いて召し上がってください。
亜　美：	思ったより簡単なんですね。

単語とフレーズ

뭘	何を（무엇을の省略）		넣고	入れ
쇠고기	牛肉		간장	醤油
한 근	一斤＝600グラム		설탕	砂糖
만	〜だけ		후추	コショウ
만드는 법	作り方		마늘	ニンニク
당근	ニンジン		버무린 후	混ぜ合わせてから
양파	タマネギ		구워	焼いて
파	ネギ		드시다	召し上がる
채썰어	千切りにして		간단한	簡単な

第3章　応用表現

第6課 これでもっと通じる！

動作をつなぐ表現:「～て～」　　　　　　　　　焼いて食べればいいんですよ。

구워 드시면 돼요.
(クウォ　ドゥシミョン　ドゥェヨ)
動詞 ＋ て ＋ 動詞

　日本語には「焼いて食べる」「買ってくる」というように、2つ以上の動作をつないだ表現がありますが、これらは動作の複合です。ここでは、動作をつなぐ表現を学習します。

動作を複合化する

　前後の動作を複合化する場合によく使われるのが **아/어** です。複合したい動作と動作の間に **아/어** を置きます。

■ ～て～　〈～아～/～어～〉

- 最初にくる動詞の基本形の語尾**다**の前が**母音の**ㅏ、ㅗで終わっている場合：다を取って**아**をつけ、次の動作を続ける。

  사다（買う）＋ **아**（て）＋ 와요（きます）
  （サダ）　　　　　　（ア）　　　　（ワヨ）
  ＝사(**아**) 와요.（買ってきます。）
  （サ　ア　ワヨ）

＊ 語尾**다**の前が母音ㅏのときは次の**아**は省略され、ㅗのときは次の아と結合して複合母音ㅘに変化します。

- **다**の前が**母音のㅏ、ㅗ以外**で終わっている場合：다を取って**어**をつけ、次の動作を続ける。

  들다（入る）＋ **어**（て）＋ 가요（行きます）＝들어가요.（入って行きます。）
  （トゥルダ）　　　（オ）　　　（カヨ）　　　　（トゥロガヨ）

  만들다（作る）＋ **어**（て）＋ 주세요（ください）
  （マンドゥルダ）　　（オ）　　　（ジュセヨ）
  ＝만들어 주세요.（作ってください。）
  （マンドゥロ　ジュセヨ）

＊原因、結果（〜ので）を表すときには、**아/어**のかわりに**아서/어서**を使います（p114参照）。

■ 〜てみる 〈**아 보다/어 보다**〉

日本語で「試しに〜する」というとき「〜してみる」と言いますが、韓国語でも同様に「みる（**보다**）」という動詞を使って、「**〜아 보다/어 보다**」と言います。さらに「**〜아요/어요**（〜です／ます）」をつけると「**〜아 봐요/어 봐요**」となります。

읽다（読む）＋ **어**（て）＋ **봐요**（みます）＝**읽어 봐요.**（読んでみます。）
イㇰタ　　　　　　オ　　　　ボァヨ　　　　　イルゴ　ボァヨ

＊**아 보다/어 보다**には「〜てごらんなさい」という命令の意味を表すこともあります。

손 들다（手を挙げる）＋ **어**（て）＋ **봐요**（みます）
ソン　トゥルダ　　　　　　　　オ　　　　　　ボァヨ
＝**손 들어 봐요.**（手を挙げてごらんなさい。）
　ソン　トゥロ　ボァヨ

順次、並列、同時進行を表す表現

前後の動作の順次、並列や同時進行を表すには、**고**を使います。最初にくる動詞・形容詞の基本形の語尾**다**を取って**고**をつけ、次の動作を続けます。

■ 〜て〜 〈〜**고**〜〉

● **順次**の場合：
이를 닦다（歯をみがく）＋ **고** ＋ **세수하다**（顔を洗う）
イル　タッタ　　　　　　　　コ　　　　セスハダ
＋ **고** ＋ **밥 먹어요**（ご飯を食べます）
　　コ　　　　パン　モゴヨ
＝**이를 닦고 세수하고 밥 먹어요.**
　イル　タッコ　セスハゴ　パン　モゴヨ
（歯をみがいて、顔を洗って、ご飯を食べます。）

● **並列**の場合：
값이 싸다（値段が安い）＋ **고** ＋ **맛이 있어요**（おいしいです）
カプシ　サダ　　　　　　　　コ　　　　マシ　イッソヨ
＝**값이 싸고 맛이 있어요.**（値段が安くておいしいです。）
　カプシ　サゴ　マシ　イッソヨ

● **同時進行**の場合：
택시를 타다（タクシーに乗る）＋ **고** ＋ **가요**（行きます）
テクシルル　タダ　　　　　　　　　　コ　　　　カヨ
＝**택시를 타고 가요.**（タクシーに乗って行きます。）
　テクシルル　タゴ　カヨ

第3章 応用表現

第7課 「～ことができます」（可能）

갈아타지 않고 갈 수 있어요.
―乗り換えなしで行けます。

아 미 : 필요한 물건을 대충 사고 싶은데,
어디 가면 싸게 살 수 있어요?

관리인 : 동대문시장에 가 보세요.
이불에서 그릇, 커텐 등,
없는 것이 없어요.

아 미 : 어떻게 가지요?

관리인 : 2호선을 타고 가면,
갈아타지 않고 갈 수 있어요.

ソウルでの生活がいよいよ本格的に始まった亜美。生活に必要なものをどこで買えばよいのか、マンションの管理人にたずねます。

亜　美：**必要な品をざっと買いたいのですが、どこに行けば安く買えますか？**

管理人：**東大門市場へ行ってごらんなさい。布団をはじめ、食器やカーテン等、だいたいのものはありますよ。**

亜　美：**どうやって行くんですか？**

管理人：**2号線に乗れば、乗り換えなしで行くことができます。**

単語とフレーズ

필요한	必要な（필요하다の連体形）
물건	品物
대충	ざっと
사다	買う
～고 싶은데	～たいのですが
어디	どこ
싸게	安く
시장	市場
이불	布団
그릇	食器
커텐	カーテン
등	等
어떻게	どうやって
2호선	2号線
～을 타고	～に乗って
갈아타지	乗り換え

第3章　応用表現

第7課 これでもっと通じる！

> **可能：「～ことができます」**　　　乗り換えなしで行くことができます。
>
> 갈아타지 않고 <u>갈 수 있어요.</u>
> カラタジ　アンコ　カル　ス　イッソヨ
> 　　　　　　　　　動詞＋ことができます

この課では「～ことができる」という可能の表現について学習します。
可能の表現は「～ㄹ 수 있어요 / ～을 수 있어요」で表せます。

可能表現

■ **動詞＋ことができます**〈動詞＋ㄹ 수 있어요 / 을 수 있어요〉

● 動詞の基本形の語尾**다**の前が**母音**で終わっている場合：**다**を取って**ㄹ 수 있어요**をつける。

　가다（行く）＋ㄹ 수 있어요（ことができます）
　カダ　　　　　　　ル　ス　イッソヨ
　＝갈 수 있어요.（行くことができます。）
　　カル　ス　イッソヨ

　피아노를 치다（ピアノを弾く）＋ㄹ 수 있어요（ことができます）
　ピアノルル　チダ　　　　　　　　　ル　ス　イッソヨ
　＝피아노를 칠 수 있어요.（ピアノを弾くことができます。）
　　ピアノルル　チル　ス　イッソヨ

＊　子音ㄹは、前にくる文字と合成されます。
＊　日本語では、「ピアノが弾けます」というように、可能表現の動詞の前では助詞「が」を用いますが、韓国語では「ピアノを弾くことができます」という表現同様、助詞「을 / 를」（～を）を用います。

- **다の前が子音で終わっている場合**：**다**を取って**을 수 있어요**をつける。

  앉다（座る）＋**을 수 있어요**（ことができます）
  アンタ　　　　　　　ウル　ス　イッソヨ

  ＝**앉을 수 있어요.**（座ることができます。）
  　アンジュル　ス　イッソヨ

  한글을 읽다（ハングルを読む）＋**을 수 있어요**（ことができます）
  ハングル　ル　イクタ　　　　　　　　ウル　ス　イッソヨ

  ＝**한글을 읽을 수 있어요.**（ハングルを読むことができます。）
  　ハングル　イルグル　ス　イッソヨ

* フォーマルな会話の場合は、文末表現「〜있어요」を「〜있습니다」とします。

★生活用品の名称★

覚えておくと役立つ

침대	ベッド	컵	カップ／コップ
의자	いす	냄비	なべ
전화기	電話機	접시	皿
텔레비전	テレビ	젓가락	箸
세탁기	洗濯機	숟가락	スプーン
청소기	掃除機	비누	石けん
전자렌지	電子レンジ	치약	歯みがき粉
테이블	テーブル	칫솔	歯ブラシ
냉장고	冷蔵庫	세제	洗剤
커튼	カーテン	수건(타월)	タオル
자전거	自転車	베개	枕
시계	時計	이불	布団
주전자	やかん	쓰레기통	ごみ箱
칼	ナイフ／包丁		

第3章　応用表現

第8課 「～ことができません」（可能の否定）

너무 많아서 다 못 먹어요.

—多すぎて全部食べることができません。

아 미 : **김밥하고, 오뎅 주세요.**
이건 뭘로 만든 거예요?

점 원 : **떡볶이예요.**

아 미 : **매워요? 이거.**

점 원 : **네, 좀 매워요.**

아 미 : **달걀을 넣어 1인분만 주세요.**
이건 뭐예요?

점 원 : **순대예요. 먹어 보세요.**

아 미 : **아니요, 됐어요.**
너무 많아서 다 못 먹어요.

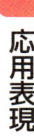

学校の前や市場などにある食堂（분식）では、うどんや海苔巻などが食べられます。亜美もチャレンジしてみます。

亜　美：	海苔巻と、おでんをください。 これは何で作ったものですか？
店　員：	トッポッキです。
亜　美：	辛いですか？　これ。
店　員：	ええ、ちょっと辛いです。
亜　美：	卵を入れて1人前ください。 これは何ですか？
店　員：	スンデです。食べてみてください。
亜　美：	いいえ、結構です。 あまりに多すぎて全部食べることができません。

単語とフレーズ

김밥	海苔巻		달걀	卵
오뎅	おでん		넣어	入れて
뭘로	何で(무엇으로の省略形)		1인분	1人前
만든	作った(만들다)の連体形		순대	スンデ (韓国式の豚の腸詰め)
거예요?	ものですか?(것이에요の省略形)		~보세요	~てみてください
떡볶이	トッポッキ （うるち餅を辛く炒めたもの）		너무	あまりに
매워요	辛いです		다	全部

第3章　応用表現

第8課 これでもっと通じる！

| 可能の否定：～ことができません | 多すぎて全部食べることができません。 |

너무 많아서 다 못 먹어요.
ノム マナソ ター モン モゴヨ

動詞＋ことができません。

　第7課で「～ことができます」という可能の表現を学習しましたが、ここではその否定形「～ことができません」という表現を学習します。

可能表現の否定

　第7課で学習した可能表現「～ㄹ 수 있어요／～을 수 있어요」を否定形にするには、可能表現の文末「～있어요」を「～없어요」にかえます。

■ **動詞＋ことができません**〈動詞＋ㄹ 수 없어요／을 수 없어요〉

● 動詞の基本形の語尾**다**の前が**母音**で終わっている場合：**다**を取って**ㄹ 수 없어요**をつける。

　나가다（出かける）＋ㄹ 수 없어요（ことができません）
　ナガダ　　　　　　　　ル ス オッソヨ

　＝나갈 수 없어요.（出かけることができません。）
　　ナガル ス オッソヨ

　＊ 子音ㄹは、前にくる文字と合成されます。

● **다**の前が**子音**で終わっている場合：**다**を取って**을 수 없어요**をつける。

　먹다（食べる）＋을 수 없어요（ことができません）
　モクタ　　　　　　ウル ス オッソヨ

　＝먹을 수 없어요.（食べることができません。）
　　モグル ス オッソヨ

可能表現を否定するもう一つの言い方

可能表現の否定形には、못해요（〜できない）という補助動詞を用いる言い方もあります。

■ **動詞＋できません**〈動詞＋지 못해요〉

動詞の基本形の語尾다を取って지 못해요をつける。

쓰다（書く）＋지 못해요（できません）＝쓰지 못해요.（書け<u>ません</u>。）
スダ　　　　　　　チ　モッテヨ　　　　　　　　　　　スジ　モッテヨ

만들다（作る）＋지 못해요（できません）
マンドゥルダ　　　チ　モッテヨ

＝만들지 못해요.（作れ<u>ません</u>。）
　マンドゥルジ　モッテヨ

＊ なお、「動詞＋지 못해요」は、「못＋動詞」と表現することもでき、会話で多く使われます。

못（できない）＋써요（書きます）＝못 써요.（書け<u>ません</u>。）
モッ　　　　　　　ソヨ　　　　　　　　　　モッ　ソヨ

못（できない）＋만들어요（作ります）＝못 만들어요.（作れ<u>ません</u>。）
モッ　　　　　　　マンドゥロヨ　　　　　　　　モン　マンドゥロヨ

＊ 못해요は、前に名詞を置いて「〜できません」という動詞として使うこともできます。

영어를（英語が）＋못해요（できません）
ヨンオルル　　　　　モッテヨ

＝영어를 못해요.（英語が<u>できません</u>。）
　ヨンオルル　モッテヨ

覚えておくと役立つ　★粉食店のメニュー★

순대	韓国式豚の腸詰め	만두국	韓国式水餃子
김밥	韓国式海苔巻	우동	うどん
오뎅	おでん	칼국수	韓国式うどん
떡볶이	うるち餅のトウガラシ炒め	수제비	韓国式すいとん
떡국	うるち餅の雑煮	라면	（インスタント）ラーメン

＊粉食店：軽食専門のお店

第3章　応用表現

第9課 「～なければなりません」（義務）

사이즈를 생각해야 돼요.
— サイズを考えなければなりません。

아 미: **이거 얼마예요?**

점 원: **이건 15,000원이에요.**

아 미: **사이즈가 맞는지 입어 보았으면 좋겠는데.**

점 원: **저쪽에 가서 입어 보세요.**

아 미: **어때요? 허리가 좀 큰 것 같은데.**

점 원: **아니에요. 그 정도는 입으셔야 돼요. 히프 사이즈를 생각해야 돼요.**

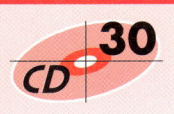

東大門市場にはたくさんの出店があります。亜美は、値段の安さにびっくりしながら、買い物に夢中です。

日本語訳

亜　美：これ、いくらですか?
店　員：こちらは15,000ウォンです。
亜　美：サイズが合うかどうか、
　　　　試着してみたいのですが。
店　員：あちらへどうぞ。
亜　美：どうかしら?
　　　　少しウエストが大きいような気がしますが。
店　員：いいえ、そのくらいははけますよ。
　　　　ヒップのサイズを考えなければなりません。

単語とフレーズ

이거	これ
얼마예요?	いくらですか?
이건	これは (이것은の省略形)
사이즈	サイズ
맞는지	合うかどうか
입어 보다	試着する
저쪽	あちら／あっち
가서	行って

어때요?	どうですか?
좀	少し
허리	ウエスト
크다	大きい
~것 같은데	~ようですが
~야 돼요	~なければなりません
히프	ヒップ

第3章　応用表現

第9課 これでもっと通じる！

> **義務：「～なければなりません」**　　　サイズを考えなければなりません。
>
> 사이즈를 생각해야 돼요.
> サイジュル　センガッケヤ　ドゥェヨ
> **動詞＋なければなりません。**

　この課では義務の表現を学習します。
　義務を表すには、通常「～なければなりません」の意味の「～아야 해요／～어야 해요」を用いますが、「～ないとだめです」と、より強い意味を表すには「～지 않으면 안돼요」を用います。

義務の表現

■ 動詞＋なければなりません 〈動詞＋아야 해요 / 어야 해요〉

- 動詞の基本形の語尾다の前が**母音のㅏ、ㅗ**で終わっている場合：다を取って**아야 해요**をつける。

    생각하다（考える）＋**아야 해요**（なければなりません）
    センガッカダ　　　　　　アヤ　ヘヨ
    ＝생각하아야 해요.＝생각해야 해요.（考えなければなりません。）
    　センガッカアヤ ヘヨ　センガッケヤ ヘヨ

    ＊ 다の前の母音がㅏの場合は아が省略され（例　**가야 해요**：行かなければなりません）、ㅗの場合は複合母音ㅘになります（例　**와야 해요**：来なければなりません）。また、하다の場合は特別に하야 해요ではなく**해야 해요**というように不規則変化します。

- 다の前が**母音のㅏ、ㅗ以外**で終わっている場合：다を取って**어야 해요**をつける。

    기다리다（待つ）＋**어야 해요**（なければなりません）
    キダリダ　　　　　　オヤ　ヘヨ
    ＝기다리어야 해요.＝기다려야 해요.（待たなければなりません。）
    　キダリオヤ ヘヨ　　キダリョヤ ヘヨ

    ＊ 母音ㅣ、ㅓが続く場合はㅕとなります。

102

■ 動詞＋なければなりません〈動詞＋아야 돼요／어야 돼요〉

これは前ページの文型の最後の해요を돼요にかえた形で、くだけた会話ではこちらをよく使います。

보다（見る）＋아야 돼요（なければなりません）
ボダ　　　　　　　　アヤ　ドゥェヨ
＝봐야 돼요.（見なければなりません。）
　ボァヤ　ドゥェヨ

먹다（食べる）＋어야 돼요（なければなりません）
モクタ　　　　　　　　オヤ　ドゥェヨ
＝먹어야 돼요.（食べなければなりません。）
　モゴヤ　ドゥェヨ

より強い義務の表現

■ 動詞＋ないとだめです〈動詞＋지 않으면 안돼요〉

「ないとだめです」は、

지 않다　＋　으면　＋　안돼요.
ない　　　　　と　　　　だめです
（否定形）　（仮定形）

で構成されています。動詞への接続のしかたは、基本形から다を取って지 않다と으면 안돼요をつなげます。

전화하다（電話する）＋지 않으면 안돼요（ないとだめです）
チョヌァハダ　　　　　　　　チ　ア ヌ ミョン　アンドゥェヨ
＝전화하지 않으면 안돼요.（電話しないとだめです。）
　チョヌァハジ　ア ヌ ミョン　アンドゥェヨ

돌아가다（帰る）＋지 않으면 안돼요（ないとだめです）
トラガダ　　　　　　　　チ　ア ヌ ミョン　アンドゥェヨ
＝돌아가지 않으면 안돼요.（帰らないとだめです。）
　トラガジ　ア ヌ ミョン　アンドゥェヨ

覚えておくと役立つ　★服装★

모자	帽子	점퍼	ジャンパー
바지	ズボン	청바지	ジーパン
양말	靴下	벨트	ベルト
치마	スカート	가방	カバン
속옷	下着	반소매	半袖
코트	コート	긴소매	長袖

第3章　応用表現

第10課 連体修飾（動詞・形容詞と名詞を結ぶ）

일본에 보내는 편지인데, 얼마지요?
—日本に送る手紙なんですが、いくらですか？

아 미: 저기, 이거 일본에 보내는 편지인데, 얼마지요?

사무원: 420원입니다.

아 미: 속달로 보내면 얼마예요?

사무원: 별도로 900원 더 내야 돼요.

아 미: 그리고요, 이 소포인데, 항공편으로 얼마예요?

사무원: 300g이니까 8,000원이에요.

아 미: 며칠 정도 걸려요?

사무원: 1주일 정도면 도착해요.

ソウルでの生活が長くなるにつれ、亜美は日本の両親や友人に郵便物を送る機会が増えてきました。

亜　美：あの、これ日本に送る手紙なんですが、いくらですか？
事務員：420ウォンです。
亜　美：速達で送るといくらですか？
事務員：別に900ウォン払わなければなりません。
亜　美：それから、この小包なんですが、航空便でいくらですか？
事務員：300gだから、8,000ウォンです。
亜　美：何日くらいかかりますか？
事務員：1週間ほどで着きます。

日本語訳

第3章 応用表現

単語とフレーズ

저기	あの	그리고	それから
편지	手紙	소포	小包
속달	速達	항공편	航空便
별도로	別途に／別に	며칠	何日
내야 돼요	払わなければなりません		

第10課 これでもっと通じる！

| 連体修飾：動詞・形容詞と名詞を結ぶ | 日本に送る手紙なんですが、いくらですか？ |

일본에 **보내는 편지**인데, 얼마지요?
イルボネ ボネヌン ピョンジ インデ オルマジョ
　　　　　動詞 ＋ 名詞

　ここでは、名詞や動詞、形容詞を名詞と結ぶ連体形を学習します。
　日本語では、例えば「送る」ということばは「日本に手紙を送る」のように使う場合でも、「日本に送る手紙」のように、後にくる名詞を修飾する場合でも、同じ形が使われます。つまり日本語では、文末での終止形と、文中で修飾する連体形が同じ形ですが、韓国語では、基本形、文末の終止形、文中の連体形がそれぞれ異なる形になります。

〈動詞＋名詞〉の現在・過去連体形

■ **現在連体形**

　動詞の基本形の語尾**다**を取って**는**＋名詞をつける。

　가다（行く）＋ 는 ＋ 사람（人）＝가는 사람（行く人）
　カダ　　　　　ヌン　　サラム　　　カヌン サラム

■ **過去連体形**

　「〜だった〜」と過去の連体形を表す場合には

● 動詞の基本形の語尾**다**の前が**母音**で終わっている場合：**다**を取って**ㄴ**＋名詞をつける。

　가다（行く）＋ ㄴ ＋ 사람（人）＝간 사람（行った人）
　カダ　　　　　ン　　サラム　　　カン サラム

● **다**の前が**子音**で終わっている場合：**다**を取って**은**＋名詞をつける。

　먹다（食べる）＋ 은 ＋ 사람（人）＝먹은 사람（食べた人）
　モㇰタ　　　　　ウン　　サラム　　　モグン サラム

※ 動詞には不規則に活用するものもあります（p168 参照）。

〈形容詞＋名詞〉の現在・過去連体形

■ 現在連体形

- 形容詞の基本形の語尾**다**の前が**母音**で終わっている場合：**다**を取って**ㄴ**＋名詞をつける。

  차다（冷たい）＋ ㄴ ＋ 물（水）＝찬 물（冷たい水）
  チャダ　　　　　　ン　　　ムル　　　　チャン ムル

- **다**の前が**子音**で終わっている場合：**다**を取って**은**＋名詞をつける。

  작다（小さい）＋ 은 ＋ 것（もの）＝작은 것（小さいもの）
  チャクダ　　　　　ウン　　コッ　　　　チャグン ゴッ

＊形容詞の現在連体形は、動詞の過去連体形と形が同じです。

■ 過去連体形

「～だった～」と過去の連体形を表す場合には、形容詞の基本形の語尾**다**を取って**던**をつける。

아름답다（美しい）＋ 던 ＋ 사람（人）
アルムダプタ　　　　　トン　　サラム
＝아름답던 사람（美しかった人）
　アルムダプトン サラム

＊**던**には「過去には～だったが、現在はそうではない」という意味があり、動詞と接続して過去の回想を表すこともできます。

※形容詞には不規則に活用するものもあります（p168参照）。

名詞と名詞を結ぶ

名詞と名詞を結ぶ**인**についてもおぼえておきましょう。**인**はイコールの役目で、**인**の前にくる名詞は、後にくる名詞を修飾する働きをします。

■ 名詞＋の（である）＋名詞　〈名詞＋인＋名詞〉

일요일（日曜日）＋ 인 （の）＋오늘（今日）
イリョイル　　　　　イン　　　　　オヌル
＝일요일인 오늘（日曜日の（である）今日）
　イリョイリン オヌル

학교선생님（学校の先生）＋ 인 （の）＋아버지（父）
ハッキョソンセンニム　　　　　イン　　　　　アボジ
＝학교선생님인 아버지（学校の先生の（である）父）
　ハッキョソンセンニミン アボジ

第3章 応用表現

第11課 「〜のに／〜ですが」（接続① 逆接）

점심 때인데 왜 조용해요?
―お昼どきなのに、どうして静かなのですか?

아미: 점심 때인데, 왜 조용해요?

미경: 학부 수업이 아직 안 끝났어요.

아미: 근데, 정미경씨는 왜 여기 있어요?

미경: 아침에 왔는데, 수업이 휴강이었어요.

아미: 아, 그래서 식당에서 공부해요?

미경: 공부하기엔 도서관이 좋은데, 너무 복잡해서 자리가 없었어요.

授業を終えた亜美は大学の食堂で、同じマンションに住む学生と会いました。

日本語訳

亜　　美：お昼どきなのに、どうして静かなのですか？
ミギョン：学部の授業がまだ終わっていないのよ。
亜　　美：だけど、ミギョンさんはどうしてここにいるの？
ミギョン：朝来たんだけど、授業が休講だったのよ。
亜　　美：ああ、それで食堂で勉強？
ミギョン：勉強するには図書館がいいけれど、
　　　　　混んでて席がなくて。

単語とフレーズ

점심	昼食／お昼ご飯
때	とき
왜	どうして／なぜ
조용해요?	静かなのですか？（→조용하다）
학부	学部
수업	授業
아직	まだ
끝났어요	終わりました（→끝나다）
근데	ところで／だけれど（그런데の縮約形）
아침	朝／朝食
휴강	休講
그래서	それで
식당	食堂
공부	勉強
도서관	図書館
복잡해서	混んでいて（→복잡하다）
자리	席／場所

第3章　応用表現

第11課 これでもっと通じる！

> **接続①：逆接「～のに／～ですが」**　お昼どきなのに、どうして静かなのですか？
>
> **점심 때인데 왜 조용해요?**
> チョム シム テ イン デ　ウェ チョ ヨン ヘ ヨ
> 　　　　　　なのに

　この課では文章の前半を「～なのに」で受けて、文章の後半へつなぐ逆接の接続詞について学習します。

逆接の表現

- **名詞＋なのに**　〈名詞＋인데〉

  名詞にそのまま인데をつける。

  겨울(冬)＋인데(なのに)＋날씨가 따뜻해요(暖かいです)
  キョ ウル　　　イン デ　　　　　　　ナル シ ガ　タ トゥッテ ヨ

  ＝겨울인데 날씨가 따뜻해요.(冬なのに暖かいです。)
  キョ ウ リン デ　ナル シ ガ　タ トゥッテ ヨ

- **動詞＋のに**　〈動詞＋는데〉

  ● 動詞の現在形の語尾다の前がㄹで終わっている場合：ㄹ다を取って는데をつける。

  커피는 팔다（コーヒーは売っている）＋는데 （のに）
  コ ピ ヌン　パル ダ　　　　　　　　　　　ヌン デ

  ＋홍차는 없어요（紅茶はありません）
  ホン チャ ヌン　オ ソ ヨ

  ＝커피는 파는데 홍차는 없어요.
  コ ピ ヌン　パ ヌン デ　ホン チャ ヌン　オ ソ ヨ
  （コーヒーは売っているのに紅茶はありません。）

  ● 다の前がㄹ以外で終わっている場合：다を取って는데をつける。

  부탁하다（頼んでいる）＋는데 （のに）
  プ タッ カ ダ　　　　　　　ヌン デ

  ＋왜 안 해 줘요?(どうしてしてくれないのですか？)
  ウェ ア ネ ジュオ ヨ

  ＝부탁하는데 왜 안 해 줘요?
  プ タッ カ ヌン デ　ウェ ア ネ ジュオ ヨ
  （頼んでいるのにどうしてしてくれないのですか？）

＊逆接の接続語尾には**지만**もあります。「〜ですが」といったニュアンスで使います。接続はすべて語尾**다**を取ってつなげます。（子音で終わる名詞だけは＋**이지만**になります）。

미안하지만 연필 좀 빌려 주세요.
_{ミ ア ナ ジ マン ヨン ピル チョム ピルリョ ジュ セ ヨ}
（すみませんが、鉛筆をちょっと貸してください。）

■ **形容詞＋のに　〈形容詞＋ㄴ데／은데〉**

● 形容詞の基本形の語尾**다**の前が**母音**で終わっている場合：**다**を取って**ㄴ데**をつける。

비싸다（高い）＋ㄴ데（のに）＋잘 팔려요（よく売れます）
_{ピッ サ ダ　　　　　ン デ　　　　　　チャル パル リョ ヨ}
＝비싼데 잘 팔려요.（高い<u>のに</u>よく売れます。）
_{ピッ サン デ チャル パル リョ ヨ}

● **다**の前が**子音**で終わっている場合：**다**を取って**은데**をつける。

밝다（明るい）＋은데（のに）
_{パク タ　　　　　　　ウン デ}
＋왜 불 켜 놨어요？（どうして電気をつけてるんですか？）
_{ウェ ブル キョ ノァッソ ヨ}
＝밝은데 왜 불 켜 놨어요？
_{パル グン デ ウェ ブル キョ ノァッソ ヨ}
（明るい<u>のに</u>どうして電気をつけてるんですか？）

＊**다**の前が**ㅂ**で終わるものは**운데**となり、**ㄹ**で終わっているものは、**ㄹ**を取って**ㄴ데**をつけます（p169参照）。

過去形の逆接の表現

■ **名詞・動詞・形容詞＋だったのに　〈名詞・動詞・形容詞＋는데〉**

過去の場合は、名詞・動詞・形容詞の過去形（p82参照）から**다**を取って、**는데**をつける。

전화했다（電話した）＋는데（のに）
_{チョ ヌァ ヘッ タ　　　　　　ヌン デ}
＋아무도 안 받았어요（だれもいませんでした）
_{ア ム ド アン パ ダッソ ヨ}
＝전화했는데 아무도 안 받았어요.
_{チョ ヌァ ヘン ヌン デ ア ム ド アン パ ダッソ ヨ}
（電話した<u>のに</u>だれもいませんでした。）

第12課 「～ので／～から」（接続② 理由）

갈아입을 옷이 없어서 좀 급한데.
―着替えがないので、少し急いでいるのですが。

아 미: **아줌마! 이것 좀 부탁해요.**

점 원: **블라우스가 2장하고, 치마가 하나네요?**

아 미: **네, 갈아입을 옷이 없어서 좀 급한데 언제쯤 되지요?**

점 원: **오늘 저녁까지 해 드릴게요.**

아 미: **얼마지요?**

점 원: **블라우스가 2장, 치마가 하나니까, 모두 4,000원입니다.**

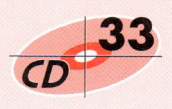

韓国ではクリーニング屋を세탁소（洗濯所）といいます。工場集配のチェーン店が多くなった日本と違い、個人経営の店が中心です。

日本語訳

亜　美： すみません！ これお願いします。
店　員： ブラウスが2枚と、
　　　　スカートが1着ですね?
亜　美： はい、着替えがないので
　　　　少し急いでいるのですが、いつごろできますか?
店　員： 今日の夕方までに差し上げます。
亜　美： いくらですか?
店　員： ブラウスが2枚と、スカートが1着だから、
　　　　全部で4,000ウォンです。

単語とフレーズ

블라우스	ブラウス	언제쯤	いつごろ
2장	2枚	오늘	今日
치마	スカート	저녁	夕方／夕食
～네요?	～ですね？	드릴게요	～差し上げます
갈아입을 옷	着替え	얼마지요?	いくらですか？
좀	少し	모두	全部で
급한데	急ぐのですが		

第3章　応用表現

第12課 これでもっと通じる！

接続② 理由「〜ので/〜から」　着替えがない**ので**、少し急いでいるのですが。

갈아입을 옷이 없**어서** 좀 급한데.
　カ　ラ　イ　ブル　　オ　シ　　オッ**ソ**　　チョム　クッ　パン　デ
　　　　　　　　　　　　　　　　　の**で**

「〜なので／〜だから」と理由を表す接続について学習します。日本語で「〜なので」と「〜だから」の使い方が微妙に違うように、韓国語でも、これらの使い方は難しいのですが、総じて以下のように使い分けます。

原因、結果を客観的に表現する場合

- **名詞＋なので** 〈名詞＋라서 /이라서〉
  - 名詞の語尾が**母音**で終わっている場合：そのまま**라서**をつける。

    어린아이（子供）＋**라서**（なので）
    オ　リ　ナ　イ　　　　　　　　　ラ　ソ
    ＋장난이 심해요（いたずらがひどいです）
    　チャンナニ　シメヨ
    ＝어린아이라서 장난이 심해요.（子供<u>なので</u>いたずらがひどいです。）
    　オ　リ　ナ　イ　ラ　ソ　チャンナニ　シメヨ

  - **子音**で終わっている場合：そのまま**이라서**をつける。

    일요일（日曜日）＋**이라서**（なので）＋사람이 없어요（人がいません）
    イ　リョイル　　　　　　　　　　イ　ラ　ソ　　　　　　　　サラミ　オッソヨ
    ＝일요일이라서 사람이 없어요.（日曜日<u>なので</u>人がいません。）
    　イ　リョイ　リ　ラ　ソ　サラミ　オッソヨ

- **動詞・形容詞＋ので** 〈動詞・形容詞＋아서 /어서〉
  - 最初にくる動詞・形容詞（原因）の基本形の語尾다の前が**母音の**ㅏ、ㅗで終わっている場合：다を取って**아서**をつけ、結果にあたる動作を続ける。

    얼음이 녹다（氷が溶ける）＋**아서**（ので）＋길이 안 좋아요（道が悪いです）
    オルミ　ノクタ　　　　　　　　　　　　ア　ソ　　　　　　　キ　リ　アン　ジョアヨ
    ＝얼음이 녹아서 길이 안 좋아요.（氷が溶けた<u>ので</u>道が悪いです。）
    　オルミ　ノガソ　キ　リ　アン　ジョアヨ

- 다の前が**母音の ㅏ、ㅗ以外**で終わっている場合：다を取って**어서**をつけ、結果にあたる動作を続ける。

    양이 적다（量が少ない）＋**어서**（ので）＋부족했어요（足りませんでした）
    ヤン イ チョクタ　　　　　　　オ ソ　　　　　　プ ジョケッ ソ ヨ
    ＝양이 적어서 부족했어요.（量が少ない<u>ので</u>足りませんでした。）
    　ヤン イ チョゴ ソ　プ ジョケッ ソ ヨ

※ 動詞・形容詞には不規則に活用するものもあります（p168 参照）。

文の後半に依頼、命令（主観的表現）が続く場合

■ **名詞＋だから** 〈名詞＋니까/이니까〉

- 名詞の語尾が**母音**で終わっている場合：そのまま**니까**をつける。

    어린아이（子供）＋**니까**（だから）＋용서해 주세요（許してください）
    オ リ ナ イ　　　　　　ニッ カ　　　　　　ヨン ソ ヘ ジュセ ヨ
    ＝어린아이니까 용서해 주세요.（子供<u>だから</u>許してください。）
    　オ リ ナ イニッカ ヨン ソ ヘ ジュセ ヨ

- **子音**で終わっている場合：そのまま**이니까**をつける。

    일요일（日曜日）＋**이니까**（だから）
    イリョイル　　　　　　イ ニッカ
    ＋놀러 갑시다（遊びに行きましょう）
    　ノルロ カプシダ
    ＝일요일이니까 놀러 갑시다.（日曜日<u>だから</u>遊びに行きましょう。）
    　イリョイリニッカ　ノルロ カプシダ

■ **動詞・形容詞＋から** 〈動詞・形容詞＋니까/으니까〉

- 動詞・形容詞の基本形の語尾다の前が**母音**で終わっている場合：다を取って**니까**をつける。

    배가 아프다（お腹が痛い）＋**니까**（から）
    ペ ガ アップ ダ　　　　　　　ニッ カ
    ＋의사를 불러 주세요（お医者さんを呼んでください）
    　ウィサルル プルロ ジュセヨ
    ＝배가 아프니까 의사를 불러 주세요.
    　ペ ガ アップニッカ ウィサルル プルロ ジュセヨ
    （お腹が痛い<u>から</u>、お医者さんを呼んでください。）

- 다の前が**子音**で終わっている場合：다を取って**으니까**をつける。

    시간이 있다（時間がある）＋**으니까**（から）
    シ ガ ニ イッタ　　　　　　　ウ ニッカ
    ＋차라도 한잔 합시다（お茶でも1杯飲みましょう）
    　チャラド ハンジャン ハプシダ
    ＝시간이 있으니까 차라도 한잔 합시다.
    　シ ガ ニ イッスニッカ チャラド ハンジャン ハプシダ
    （時間がある<u>から</u>お茶でも1杯飲みましょう。）

第13課 「〜ましょうか？／〜ですね。」（様々な文末表現）

유학을 오셨군요.
―留学に来たんですね。

아 미 : 여보세요?
　　　　저, 김정현씨 댁 맞습니까?

정 현 : 네, 김정현입니다.

아 미 : 김정현씨? 요시다아미에요.

정 현 : 아이구, 아미씨. 오랜만이에요.
　　　　지금 어디서 전화하세요?

아 미 : 서울이에요. 지금 연희동에 살거든요.

정 현 : 아, 유학을 오셨군요.
　　　　그럼, 한번 만납시다.

韓国での生活が少し落ち着いてきた亜美は、以前日本に留学していて知り合ったキム・ジョンヒョンに電話をかけます。

亜　　　美：もしもし？
　　　　　　あの、キム・ジョンヒョンさんのお宅ですか？
チョンヒョン：はい、キム・ジョンヒョンです。
亜　　　美：キム・ジョンヒョンさん？　吉田亜美です。
チョンヒョン：ああ、亜美さん。久しぶりです。
　　　　　　今どこから電話しているんですか？
亜　　　美：ソウルです。今、ヨニドンに住んでるの。
チョンヒョン：ああ、留学に来たんですね。
　　　　　　じゃあ、一度会いましょう。

日本語訳

第3章　応用表現

単語とフレーズ

여보세요?	もしもし？	전화하다	電話する
씨댁	～さんのお宅	살다	住む
맞습니까?	～ですね？（→맞다）	오다	来る
오랜만이에요	久しぶりです	한번	一度
지금	今	만납시다	会いましょう

第13課 これでもっと通じる！

様々な文末表現：感情を込めた表現

留学に来たんですね。

유학을 오셨군요.
ユ ハ グル　オ ショッ ク ニョ
　　　　　　　　　　ですね。

　より感情を込めた会話ができるように、様々な文末表現を学習しましょう。
　これまで出てきた会話文を見ていくと、文末表現が必ずしも「〜아요／〜어요」「〜ㅂ니다／〜습니다」で終わっていないことに気づくでしょう。
　日本語でも自然な会話では、「〜でしょう？」「〜ですね」「〜なんですよ」など、様々な表現が使われています。これらにあたる代表的な韓国語の文末表現を、ここでまとめておぼえましょう。

感情を込めた文末表現

■ 感嘆・あいづちの表現「〜ですね」

〈名詞＋이군요／動詞・形容詞＋군요〉

名詞の場合はそのまま이군요をつけ、動詞・形容詞の場合は終止形の語尾다を取って군요をつける。

잘 됐다（よかった）＋ 군요（ですね）
チャル ドゥエッタ　　　　　　　　　　グ ニョ

＝잘 됐군요.（よかったですね。）
　チャル ドゥエック ニョ

■ 疑問表現「〜のですか？」

〈動詞・形容詞＋나요？〉

動詞・形容詞の基本形の語尾다を取って나요?をつける。

한국엔 놀러왔다（韓国には遊びに来た）＋ 나요?（のですか？）
ハン グ ゲン ノル ロ ワッタ　　　　　　　　　　　　　　　　ナ ヨ

＝한국엔 놀러 왔나요?（韓国には遊びに来たのですか？）
　ハン グ ゲン ノル ロ ワン ナ ヨ

■ 勧誘や推量の表現「～ましょうか？／～でしょうか？」

〈動詞・形容詞＋ㄹ까요?/ 을까요?〉

- 動詞・形容詞の基本形の語尾**다**の前が**母音**で終わっている場合： **다**を取って**ㄹ까요?**をつける。

  이제 가다 （そろそろ行く）＋ ㄹ까요?（ましょうか？）
  イジェ　カダ　　　　　　　　　　　　　　　ルッカヨ
  ＝이제 갈까요?（そろそろ行きましょうか？）
  　イジェ　カルッカヨ

- **다**の前が**子音**で終わっている場合： **다**を取って**을까요?**をつける。

  사이즈가 좀 작다 （サイズが少し小さい）＋ 을까요?（でしょうか？）
  サイジュガ　ジョム　チャクタ　　　　　　　　　　　　　　ウルッカヨ
  ＝사이즈가 좀 작을까요?（サイズが少し小さいでしょうか？）
  　サイジュガ　ジョム　チャグルッカヨ

■ 確認や念押しの表現「～ますか？／～でしょう」

〈動詞・形容詞＋지요(?)〉

動詞・形容詞の基本形の語尾**다**を取って**지요**をつける。

언제쯤 되다 （いつごろできる）＋ 지요?（ますか？）
オンジェッチュム　トゥエダ　　　　　　　　　　　　　ジョ
＝언제쯤 되지요?（いつごろできますか？）
　オンジェッチュム　トゥエジョ

＊疑問のニュアンスが強いときは？をつけ語尾を上げますが、疑問のニュアンスのない場合は肯定文の扱いとなります。

■ 詠嘆の表現「～ですね」

〈名詞・動詞・形容詞＋(이)네요〉

名詞の場合は**이네요**をつけ、動詞・形容詞の場合は基本形の語尾**다**を取って**네요**をつける。

키가 큰 학생 （背の高い学生）＋ 이네요 （ですね）
キガ　クン　ハクセン　　　　　　　　　　　　　イネヨ
＝키가 큰 학생이네요.（背の高い学生ですね。）
　キガ　クン　ハクセンイネヨ

한국말을 잘 하다 （韓国語が上手だ）＋ 네요 （ですね）
ハングンマルル　チャル　ハダ　　　　　　　　　　　　ネヨ
＝한국말을 잘 하네요.（韓国語が上手ですね。）
　ハングンマルル　チャル　ハネヨ

第14課 「〜と思います」（推量の表現）

괜찮을 것 같아요.
— 大丈夫だと思います。

아미: 내일은 토요일이니까, 내일 만날까요?

정현: 괜찮아요. 그럼 어디서 만날까요?

아미: 글쎄요. 아직 서울을 잘 모르니까…

정현: 명동성당이 어떨까요?

아미: 명동성당이라면 지도에도 나와 있으니까 괜찮을 것 같아요.

정현: 시간은 10시쯤이 어떨까요?

아미: 네, 좋아요.

정현: 그럼, 내일 뵙겠습니다.

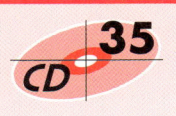

さっそく会うことにした2人は、待ち合わせの場所を相談します。

亜　　　美：	明日は土曜日だから、明日会いましょうか？	
チョンヒョン：	いいですよ。じゃあ、どこで会いましょうか？	
亜　　　美：	そうねぇ。まだソウルをよく知らないから…。	
チョンヒョン：	ミョンドン聖堂はどう？	
亜　　　美：	ミョンドン聖堂なら、地図にも出ているから、大丈夫だと思います。	
チョンヒョン：	時間は10時ごろではどう？	
亜　　　美：	ええ、いいわよ。	
チョンヒョン：	では、明日会いましょう。	

日本語訳

第3章　応用表現

単語とフレーズ

내일	明日		어떨까요?	どうですか？
만나다	会う		～(이)라면	～（名詞）なら
그럼	では／じゃあ		지도	地図
어디서	どこで(**어디에서**の省略)		～에도	～にも
글쎄요	そうですねぇ		～시쯤	～時ごろ
성당	聖堂／（カトリックの）教会			

第14課 これでもっと通じる！

推量：「～と思います」　　　　　　　　　　大丈夫だと思います。

괜찮<u>을 것 같아요</u>.
クェン チャ ヌル ゴッ カッタ ヨ
　　　と思います。

「～と思います／～ようです」という推量表現を学習します。
　推量表現にも「～でしょう」「～みたいです」など、様々な言い方がありますが、ここでは代表的な推量表現を取りあげます。

未来の事柄に対する推量

■ ～そうです／～と思います

〈動詞・形容詞＋ㄹ 것 같아요 / 을 것 같아요〉

- 動詞・形容詞の基本形の語尾**다**の前が**母音**で終わっている場合： **다**を取って**ㄹ 것 같아요**をつける。

  비가（雨が）＋ 오다（降る）＋ ㄹ 것 같아요（そうです）
  ピ ガ　　　　　　オ ダ　　　　　　ル ゴッ カッタ ヨ

  ＝비가 올 것 같아요.(雨が降り<u>そうです</u>。)
  ピ ガ オル ゴッ カッタ ヨ

- **다**の前が**子音**で終わっている場合： **다**を取って**을 것 같아요**をつける。

  내일은 날씨가 맑다（明日は天気が晴れる）
  ネイルン　ナルシ ガ　マクタ

  ＋ 을 것 같아요（そうです）
  　 ウル ゴッ カッタ ヨ

  ＝내일은 날씨가 맑을 것 같아요.(明日は天気が晴れ<u>そうです</u>。)
  ネイルン　ナルシ ガ　マルグル ゴッ カッタ ヨ

＊未来や推量を表す連体形は**ㄹ / 을**の形を名詞の前に置きます。

　다가오다（迫り来る）＋ ㄹ（であろう）＋ 우주시대（宇宙時代）
　タ ガ オ ダ　　　　　　　ル　　　　　　　　ウ ジュ シ デ

　＝다가올 우주시대.(迫り来るであろう宇宙時代。)
　　タ ガ オル ウ ジュ シ デ

現在の事柄に対する推量

■ ～ようです

〈動詞＋는 것 같아요〉

動詞の基本形の語尾다を取って는 것 같아요をつける。

저기 버스가 오다（あそこにバスが来る）＋ 는 것 같아요（ようです）
チョギ ボスガ オダ　　　　　　　　　　　　　　ヌン コッ カッタ ヨ
＝저기 버스가 오는 것 같아요.（あそこにバスが来るようです。）
　チョギ ボスガ オヌン ゴッ カッタ ヨ

〈形容詞＋ㄴ 것 같아요〉

形容詞の基本形の語尾다を取ってㄴ 것 같아요をつける。

밖이 춥다（外は寒い）＋ ㄴ 것 같아요（ようです）
パッキ チュプタ　　　　　　　ン コッ カッタ ヨ
＝밖이 추운 것 같아요.（外は寒いようです。）
　パッキ チュウン ゴッ カッタ ヨ

※ 動詞、形容詞には不規則に活用するものもあります。（p168 参照）

過去の事柄に対する推量

■ ～たのではないでしょうか／～だったみたいです

● 根拠があいまいな場合 〈動詞・形容詞の過去形＋을 것 같아요〉

動詞・形容詞の過去形の語尾다を取って을 것 같아요をつける。

지금쯤 부산에 도착했다（今ごろ釜山に着く）＋ 을 것 같아요（ようです）
チグムチュム ブサネ トチャッケッタ　　　　　　　　　　　ウル ゴッ カッタ ヨ
＝지금쯤 부산에 도착했을 것 같아요.
　チグムチュム ブサネ トチャッケッスル ゴッ カッタ ヨ
（今ごろ釜山に着いたのではないでしょうか。）

● 根拠が確かな場合 〈動詞＋ㄴ(은) 것 같아요／形容詞＋던 것 같아요〉

動詞の場合、基本形の語尾다を取ってㄴ(은) 것 같아요をつけ、形容詞の場合、過去形の語尾다を取って던 것 같아요をつける。

눈이 내리다（雪が降る）＋ ㄴ 것 같아요（ようです）
ヌニ ネリダ　　　　　　　　　ン ゴッ カッタ ヨ
＝눈이 내린 것 같아요.（雪が降ったようです。）
　ヌニ ネリン ゴッ カッタ ヨ

옛날에는 조용했다（昔は静かだった）＋ 던 것 같아요（ようです）
イェンナレヌン チョヨンヘッタ　　　　　　　　　　　トン ゴッ カッタ ヨ
＝옛날에는 조용했던 것 같아요.（昔は静かだったようです。）
　イェンナレヌン チョヨンヘットン ゴッ カッタ ヨ

第3章 応用表現

第15課 「～ています／～てあります」（進行／状態）

지금 열차가 들어오고 있습니다.
チグム ヨルチャガ トゥロオゴ イッスムニダ

—ただいま列車がまいります。

（매표소） 아미: **명동 한 장이요!**
メピョソ　　アミ　　ミョンドン ハン ジャンイヨ

（승강장） 아미: **명동 가는 전철**
スンガンジャン　アミ　ミョンドン カヌン チョンチョル

이쪽에서 타면 되나요?
イッチョゲソ タミョン ドゥェナヨ

역원: **네, 맞아요.**
ヨグォン　ネー マジャヨ

안내방송: **지금 열차가 들어오고 있습니다.**
アンネバンソン　チグム ヨルチャガ トゥロオゴ イッスムニダ

손님 여러분께서는 한걸음
ソンニム ヨロブンケソヌン ハンゴルム

물러서 주시기 바랍니다.
ムルロソ ジュシギ パラムニダ

이 열차는 당고개행 열차입니다.
イ ヨルチャヌン タンゴゲヘン ヨルチャイムニダ

이 열차 곧 출발하겠습니다.
イ ヨルチャ コッ チュルバルハゲッスムニダ

출입문 닫겠습니다.
チュリンムン タッケッスムニダ

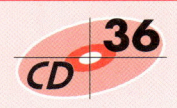

亜美は地下鉄に乗って、約束の場所に向かいます。

（切符売り場）
亜　美：　ミョンドン1枚、お願いします！
（プラットホーム）
亜　美：　ミョンドン行きの電車は、
　　　　　こちらで乗ればいいのですか？
駅　員：　ええ、そうです。

案内放送：　ただいま列車がまいります。
　　　　　　お客様は1歩後ろに
　　　　　　お下がり願います。
　　　　　　この列車はタンゴゲ行き列車です。
　　　　　　まもなく発車します。
　　　　　　ドアが閉まります。

単語とフレーズ				
~이요!	~お願いします／~です！	물러서	後ろに下がって
열차	列車	~기 바랍니다	~願います
손님 여러분	お客様（複数の場合）	~행	~行き
~께서는	~は／~におかれましては	곧	すぐ／まもなく
한 걸음	1歩	출발	出車／出発

第3章　応用表現

第15課 これでもっと通じる！

> **進行／状態：〜ています／〜てあります**　　　ただいま列車がまいります。
>
> 지금 열차가 들어오고 있습니다.
> チグム ヨルチャガ トゥロオゴ イッスムニダ
> 　　　　　　　　まいります。

　この課では「〜ています」という進行形と「〜てあります」という現在の状態を表す文型を学習します。

　日本語の「〜ています」の場合、例えば「電車が来ています」というと、「現在ホームに電車が入りつつある」という進行を表す意味と、「電車がすでにホームに入って待っている」という現在の状態を表す意味があります。

　韓国語の場合、前者は「**〜고 있어요**」、後者は「**〜아 있어요／〜어 있어요**」と、表現を区別します。

現在の進行を表す場合

■ **動詞＋ています**〈動詞＋**고 있어요**〉

動詞の基本形の語尾**다**を取って**고 있어요**をつける。

비행기가 날아가다（飛行機が飛ぶ）＋**고 있어요**（ています）
ピヘンギガ ナラガダ　　　　　　　　　ゴ イッソヨ
＝비행기가 날아가고 있어요.（飛行機が飛んでいます。）
　ピヘンギガ ナラガゴ イッソヨ

現在の状態を表す場合

■ **動詞＋てあります**〈動詞＋**아 있어요／어 있어요**〉

● 動詞の基本形の語尾**다**の前の**母音**が**오**、**아**で終わっている場合：**다**を取って**아 있어요**をつける。

앉다（座る）＋ **아 있어요**（ています）
アンタ　　　　　　ア イッソヨ
＝앉아 있어요.（座っています。）
　アンジャ イッソヨ

- 다の前の**母音**が오、**아以外**で終わっている場合： 다を取って**어 있어요**をつける。

  벽에 붙다（壁に貼る）＋ **어 있어요**（てあります）
  ピョゲ　ブッタ　　　　　　　　オ　イッソヨ
  ＝**벽에 붙어 있어요.**（壁に貼っ<u>てあります。</u>）
  　ピョゲ　ブト　イッソヨ

* 日本語で「〜ている」と表現される例には、韓国語では「**〜 았어요 /〜었어요**」と、過去形で表現されるものもあります。以下に代表的な例をあげるので、おぼえてください。

네, 맞았어요.	はい、合っています。（正解です）
결혼하셨어요?	結婚なさっていますか？
아직 아침을 안 먹었어요.	まだ、朝ご飯を食べていません。

※ 過去形の作り方については p82 参照。

覚えておくと役立つ　　★鉄道★

지하철 타는 곳	地下鉄乗り場	공중전화	公衆電話
표 파는 곳(매표소)	切符売り場	화장실	トイレ
타는 곳	乗り場	〜방면	〜方面
나가는 곳	出口	〜호선	〜号線
갈아타는 곳	乗り換え（の場所）		

ソウルの地下鉄
ソウルでは、地下鉄が市内を網の目のように張りめぐっています。ソウルからは、仁川、水原、安山、議政府へ行く国鉄の近郊電車もあり、各線の接続や相互乗り入れも便利になっています。地下鉄は市内を移動するのに、一番便利で安上がりな交通手段です。

第3章 応用表現

第16課 「～させる」(使役)

죄송합니다. 기다리게 해서.
―ごめんなさい。待たせてしまって。

(길에서)

아미: 아, 참! 집에 지도를 두고 왔네.
어떡하지.

◆ ◆ ◆

(명동성당에서)

아미: 아, 저기다. 김정현씨!
죄송합니다. 기다리게 해서.

정현: 아니요. 저도 조금 전에 왔어요.
그런데, 회사는 괜찮아요?

아미: 회사에 휴가를 내고
오게 되었어요.

ミョンドン聖堂でチョンヒョンと待ち合わせた亜美は、家を出てから地図を忘れたことに気がつき戻ります。ミョンドン聖堂ではチョンヒョンが待ちくたびれています。

日本語訳

（道で）

亜　美：あ、いけない！ うちに地図を忘れてきた。
　　　　どうしよう。

◆ ◆ ◆

（ミョンドン聖堂で）

亜　美：あ、あそこだ。キム・ジョンヒョンさん！
　　　　ごめんなさい。待たせてしまって。

チョンヒョン：いや、僕もちょっと前に来たところだから。
　　　　ところで、会社は大丈夫なんですか？

亜　美：会社に休暇届を出して、
　　　　来られることになったの。

第3章 応用表現

単語とフレーズ

아, 참!	あ、いけない！（思い出したとき）
두고 왔네	置いてきた（→두고 왔다）
어떡하지	どうしよう
조금 전에	ちょっと前
그런데	ところで
회사	会社
휴가	休暇（届け）

第16課 これでもっと通じる！

使役形	ごめんなさい。待たせてしまって。

죄송합니다. 기다리게 해서.
チョエ ソン ハム ニ ダ　キ ダ リ ゲ　ヘ ソ
　　　　　　　　　　動詞＋させる

この課では人に「～させる」という使役の表現を学習します。

使役の表現

■ **動詞＋させます〈動詞＋게 해요〉**

動詞の基本形の語尾**다**を取って、**게 해요**をあとにつける。

친구를 대신 가다（友だちを代わりに行く）
チン グ ルル テ シン カ ダ

＋게 해요（させます）
　ゲ　ヘ ヨ

＝친구를 대신 가게 해요.（友だちを代わりに行<u>か</u>せます。）
チン グ ルル テ シン カ ゲ ヘ ヨ

이쪽으로 오다（こちらに来る）**＋게 하다**（させる）
イッチョ グ ロ オ ダ　　　　　　　　　ゲ ハ ダ

＋ 것이 어때요?（のはどうでしょうか？）
　　コ シ オッテ ヨ

＝이쪽으로 오게 하는 것이 어때요?
イッチョ グ ロ オ ゲ ハ ヌン コ シ オッテ ヨ
（こちらに来<u>させ</u>たらどうでしょうか？）

＊「～します」を「～させます」と使役の表現にする場合、「動詞＋요」が「動詞＋게 해요」に変わります。

여행을 가요.　　　（旅行に行きます）
ヨ ヘン ウル カ ヨ

→ **여행을 가게 해요.**　（旅行に行<u>か</u>せます。）
　 ヨ ヘン ウル カ ゲ ヘ ヨ

🟥 〜ことになる

「**〜게 해요**」は（〜ようにします／〜させます）という意味でしたが、似た表現で「**〜게 돼요**」(〜ことになります) も、あわせておぼえましょう。

■ **動詞＋ことになります**〈動詞＋게 돼요〉

갑자기 돌아가다（急に戻る）＋ 게（ことに）
カッチャギ　トラガダ　　　　　　　　　　　ゲ
＋ 되었어요（なりました）
　トゥエッソヨ
＝갑자기 돌아가게 되었어요.（急に戻ることになりました。）
　カッチャギ　トラガゲ　ドゥエッソヨ

＊ この場合、돼요（なります）の過去形되었어요（なりました）を用いています。

갑자기 부탁드리다（急にお願いする）＋ 게（ことに）
カッチャギ　ブタットゥリダ　　　　　　　　　　　　　ゲ
＋ 되어 죄송해요（なってすみません）
　トゥエオ　チョエソンヘヨ
＝갑자기 부탁드리게 되어 죄송해요.
　カッチャギ　ブタットゥリゲ　ドゥエオ　チョエソンヘヨ
（急にお願いすることになってすみません。）

＊ 돼요の基本形は되다で、되어요→돼요と変化します。

第17課 「〜ながら〜／〜つもりです」（同時進行／予定）

차라도 마시면서 이야기 나눌까요.
― お茶でも飲みながら話しましょう。

정현: 여기는 쉽게 잘 찾아오셨어요?

아미: 아니요, 지도를 잊어서 도중에 길을 잘못 들어, 물어서 왔어요.

정현: 어디 가서 차라도 마시면서 이야기 나눌까요? 저쪽에 가면 좋은 커피숍이 있으니까.

◆ ◆ ◆

（커피숍에서）

정현: 그런데 아미씨, 언제까지 한국에 있어요?

아미: 학교 클래스가 상급이니까 이 학기가 끝나면 일본에 돌아갈 생각이에요.

久しぶりに出会った亜美とチョンヒョンは、道で少し話をした後、喫茶店に入ります。

日本語訳

チョンヒョン：ここはすぐ見つかった？
亜　　美：いいえ、地図を忘れて、途中で道を
　　　　　間違えて、人に聞いてきたの。
チョンヒョン：どこかに行って
　　　　　お茶でも飲みながら話しましょうか？
　　　　　あっちに行くと、いい喫茶店があるから。

◆　◆　◆

（喫茶店で）
チョンヒョン：ところで亜美さん、
　　　　　いつまで韓国にいるの？
亜　　美：学校のクラスが上級だから、この学期が
　　　　　終わったら、日本に帰るつもりなの。

単語とフレーズ

쉽게	簡単に／すぐ	이야기	話
찾아오셨어요?	見つかりましたか？	나눌까요?	（話を）しましょうか？
도중에	途中で		（→나누다）
길을 잘못 들어	道を間違えて	커피숍	喫茶店
어디	どこ／どこかに	상급	上級
～라도	～でも	학기	学期

第17課 これでもっと通じる！

| 同時進行の表現：～ながら～ | お茶でも飲み**ながら**話しましょう。 |

차라도 마시면서 이야기 나눌까요.
チャラド マシミョンソ イヤギ ナヌルッカヨ
　　　　　ながら

2つの動作を同時に行う「～ながら～」の表現を学習します。

～ながら～（同時進行）

■ 動詞＋ながら〈動詞＋면서 / 으면서〉

- 動詞の基本形の語尾다の前が**母音**で終わっている場合：다を取って**면서**をつける。

  춤추다（踊る）＋ **면서**（ながら）＋ 노래를 불러요（歌います）
  チュムチュダ　　　　ミョンソ　　　　　　ノレルル プルロヨ

  ＝춤추면서 노래를 불러요.（踊りながら歌います。）
  　チュム チュミョンソ ノレルル プルロヨ

- 다の前が**子音**で終わっている場合：다を取って**으면서**をつける。

  저녁을 먹다（晩ご飯を食べる）＋ **으면서**（ながら）
  チョニョグル モクタ　　　　　　　　ウ ミョンソ

  ＋ 술을 마셨어요（お酒を飲みました）
  　スルル マショッソヨ

  ＝저녁을 먹으면서 술을 마셨어요.
  　チョニョグル モグミョンソ スルル マショッソヨ
  （晩ご飯を食べながらお酒を飲みました。）

| 予定の表現：つもりです | 日本に帰るつもりです。 |

일본에 돌아갈 생각이에요.
イルボネ　トラガル　センガギエヨ

動詞 + つもりです

「～するつもりです」と予定を表すときには、「～ㄹ 생각이에요/～을 생각이에요」を用います。まだ行われていない事柄なので、動詞の未来・推量の連体形「～ㄹ/～을」と接続します。(P122 参照)

～つもりです（予定）

■ **動詞＋つもりです** 〈動詞＋ㄹ 생각이에요 / 을 생각이에요〉

● 動詞の基本形の語尾**다**の前が**母音**で終わっている場合：다を取って**ㄹ 생각이에요**をつける。

내일 인사하러 가다（明日あいさつに行く）
ネイル　インサハロ　カダ

＋ **ㄹ 생각이에요** （つもりです）
　ル　センガギエヨ

＝내일 인사하러 갈 생각이에요.（明日あいさつに行くつもりです。）
ネイル　インサハロ　カル　センガギエヨ

● 다の前が**子音**で終わっている場合：다を取って**을 생각이에요**をつける。

전부 먹다（全部食べる）＋ **을 생각이에요?**（つもりですか？）
チョンブ　モッタ　　　　　　ウル　センガギエヨ

＝전부 먹을 생각이에요? （全部食べるつもりですか？）
チョンブ　モグル　センガギエヨ

＊다の前が**ㄹ**で終わっている場合は、ㄹをいったん取って、「～ㄹ 생각이에요」と接続します。

여기에 연못을 만들다（ここに池を造る）
ヨギエ　ヨンモスル　マンドゥルダ

＋ **ㄹ 생각이에요** （つもりです）
　ル　センガギエヨ

＝여기에 연못을 만들 생각이에요.
ヨギエ　ヨンモスル　マンドゥル　センガギエヨ
（ここに池を造るつもりです。）

> 전부 먹을 생각이에요?

第3章　応用表現

第18課 「〜ば」（仮定）

괜찮다면, 저는 걷고 싶은데요.
—よかったら、歩きたいのだけど。

정현: 그런데, 아미씨

오늘, 어디 가고 싶어요?

아미: 네, 서울타워에 가고 싶어요.

정현: 그래요? 여기서 남산까지는

걸어서 갈 수도 있어요.

아미: 괜찮다면, 저는 걷고 싶은데요.

정현: 그럼, 걸어서 가지요.

◆ ◆ ◆

정현: 아, 다 왔네요. 여기서부터는

케이블카를 타고 올라가면 돼요.

亜美とチョンヒョンは、デートコースをソウルタワーと決め、一緒に歩くことにしました。

日本語訳

チョンヒョン：ところで、亜美さん、
　　　　　　今日、どこへ行きたい?
亜　　　美：ええ、ソウルタワーに行きたいわ。
チョンヒョン：そうですか。ここから（ソウルタワーのある）南山までは
　　　　　　歩いて行くこともできるけど。
亜　　　美：よかったら、歩きたいのだけど。
チョンヒョン：じゃあ、歩いて行きましょう。

◆　◆　◆

チョンヒョン：あ、もう着きましたよ。ここからは
　　　　　　ロープウェイに乗って行けばいいんです。

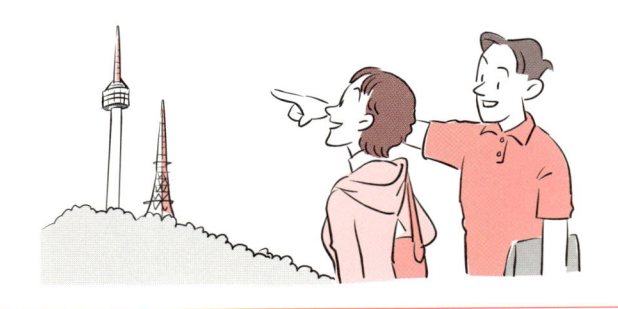

第3章　応用表現

単語とフレーズ

오늘	今日	걸어서	歩いて
서울타워	ソウルタワー	~ㄹ 수도 있어요	~こともできます
~고 싶어요	~たいです	여기서부터	ここから
여기서	ここから	케이블카	ロープウェイ（ケーブルカーではない）
~까지	~まで		

第18課 これでもっと通じる！

仮定：〜たら　　　　　　　　　　　　　よかったら、歩きたいのだけど。

괜찮다면, 저는 걷고 싶은데요.
クェンチャン タミョン　チョ ヌン　コッコ　シップン デ ヨ
　　　　たら

　日本語の仮定表現には、「〜ば」「〜なら」「〜たら」「〜とすれば」など、種類も使い方もいろいろとありますが、韓国語の場合は、動詞や形容詞に「**면/으면**」をつけるだけで、簡単に仮定表現を作ることができます。
　また、「**다면**」をつけても仮定表現を作ることができます。この場合、形容詞または存在詞（**있다**＝ある／**없다**＝ない）の**다**を取って**다면**をつけます。

　　　　괜찮다 + 다면 = 괜찮다면（よかったら）

仮定表現

■ **動詞・形容詞＋仮定表現（ば／なら／たら など）〈動詞・形容詞＋면/으면〉**

● 動詞・形容詞の基本形の語尾**다**の前が母音で終わっている場合：**다**を取って**면**をつけ、後ろの文を続ける。

　택시로 가다（タクシーで行く）＋ **면**（なら）
　テクシロ　カダ　　　　　　　　　　ミョン
　＋ **늦지 않을 거예요**（間に合うでしょう）
　　 ヌッチ　アヌル　コエヨ
　＝**택시로 가면 늦지 않을 거예요.**（タクシーで行くなら間に合うでしょう。）
　　テクシロ カミョン ヌッチ アヌル コエヨ

● **다**の前が子音で終わっている場合：**다**を取って**으면**をつけ、後ろの文を続ける。

　무슨 일이 있다（何かある）＋ **으면**（たら）
　ムスン　ニリ　イッタ　　　　　　　　ウミョン
　＋ **여기로 전화하세요**（こちらに電話してください）
　　 ヨギロ　チョヌァハセヨ
　＝**무슨 일이 있으면 여기로 전화하세요.**
　　ムスン ニリ イッスミョン ヨギロ チョヌァハセヨ
　（何かあったら、こちらに電話してください。）

名詞を使った仮定表現

■ **名詞＋仮定表現（なら／ならば など）**〈名詞＋면／이면〉

名詞に接続するときは면／이면をつけます。

● **母音**で終わる名詞の場合は、そのまま**면**をつける。

박미경씨（パン・ミギョンさん）＋ **면**（なら）
パン ミ ギョン シ　　　　　　　　　　　　　ミョン

＋ 할 수 있을 거예요（できるでしょう）
　 ハル ス イッスル コ エヨ

＝박미경씨면 할 수 있을 거예요.
　パン ミ ギョン シミョン ハル ス イッスル コ エヨ

（パン・ミギョンさん<u>なら</u>できるでしょう。）

● **子音**で終わる名詞の場合は、**이면**をつける。

한국사람（韓国人）＋ **이면**（なら）
ハン グク サ ラム　　　　　　　　イミョン

＋ 누구나 한번쯤 가보는 곳（だれでも一度は行ってみるところ）
　 ヌ グ ナ ハンボンチュム カ ボヌン ゴッ

＝한국사람이면 누구나 한번쯤 가보는 곳.
　ハン グク サ ラ ミミョン ヌ グ ナ ハンボンチュム カ ボヌン ゴッ

（韓国人<u>なら</u>だれでも一度は行ってみるところ。）

コラム ─ **ソウルタワー**

　ソウル市の中心部にある265mの小高い山、南山（ナムサン）の頂上にそびえるソウルタワー。汝矣島（ヨイド）の63ビルと並んで、その展望台からはソウル市内を一望できます。

　ここはかつて、日本の植民地時代には朝鮮神社が置かれ、さらに解放後の独裁政権時代には長らく中央情報部（KCIA）が置かれていたところでもあります。

　現在は山全体が南山公園として整備され、山の中腹からは山頂までロープウェイも運行されています。

第3章 応用表現

第19課 「〜しないで〜」（否定／禁止）

전 그렇게 생각하지 않았어요.
—僕はそう思いませんでした。

（케이블카 타는 곳에서）

정현: 어른 2장, 왕복으로 주세요.

◆ ◆ ◆

（케이블카에서）

아미: 아! 날씨가 좋으니까 시내가 잘 보이네요.

정현: 케이블카를 타지 않고,
　　　걸어서 올라갈 수 도 있어요.

아미: 그럼, 내려갈 때는
　　　걸어서 가는 게 좋겠어요.

정현: 미안해요, 전 그렇게 생각하지 않았어요.
　　　벌써 표를 왕복으로 샀거든요.

아미: 그러면 할 수 없지요. 신경 쓰지 마세요.

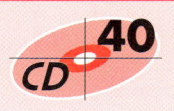

亜美とチョンヒョンは、ロープウェイに乗ってソウルタワーまで行きます。

日本語訳

（ロープウェイ乗り場で）
チョンヒョン：大人２枚、往復でお願いします。

◆　◆　◆

（ロープウェイで）
亜　　　美：わあ！　天気がいいから、市内がよく見えるわねえ。
チョンヒョン：ロープウェイに乗らないで、歩いて登ることもできるけど。
亜　　　美：じゃ、降りるときは、歩いたほうがいいわね。
チョンヒョン：ごめん、僕はそう思わないで。
　　　　　　もう切符を往復で買っちゃったんだけど。
亜　　　美：じゃ、しかたないわね。気にしないでね。

第３章　応用表現

単語とフレーズ

어른	大人	～게 좋겠어요	～ほうがいいです
～장	～枚	벌써	もう
왕복	往復	표	切符
날씨	天気	샀거든요	買ったんです
보이네요	見えますね	할 수 없지요	しかたないですね
걸어서	歩いて	신경쓰다	気をつかう

第19課 これでもっと通じる！

否定：～しないで	僕はそう思い<u>ませんでした</u>。

전 그렇게 생각하<u>지 않았어요</u>.
チョン クロッケ センガッカ ジ ア ナッソ ヨ
　　　　　　　　　　　　　　　　　ませんでした。

日本語の「～しないで～」という表現には、例えば「買わ<u>ないで</u>帰ってきた」といった単純否定と、「たばこを吸わ<u>ないでください</u>」といった禁止の、2つの意味があります。韓国語ではこれらを区別して表現するので、注意しましょう。

単純否定と禁止の表現

■ 単純否定…しません 〈動詞・形容詞＋지 않아요〉

動詞・形容詞の基本形の語尾다を取って지 않아요をつける。

저는 그렇게 생각하다 （わたしはそう思う）
チョヌン クロッケ センガッカ ダ

＋ 지 않아요 （しません）
　 チ アナヨ

＝저는 그렇게 생각하지 않아요. （わたしはそう思いません。）
　チョヌン クロッケ センガッカジ アナヨ

■ 禁止…しないでください 〈動詞＋지 마세요〉

動詞の基本形の語尾다を取って지 마세요をつける。

담배를 피우다 （たばこを吸う）
タンベルル ピウダ

＋ 지 마세요 （しないでください）
　 チ マセヨ

＝담배를 피우지 마세요.
　タンベルル ピウジ マセヨ
（たばこを吸わ<u>ないでください</u>。）

> 저는 그렇게 생각하지 않아요.

単純否定と禁止

「～しないで～」という表現の、単純否定と禁止の接続も、ここであわせて学習します。単純否定は「～지 않고～」、禁止は「～지 말고～」の形を取ります。

■ **単純否定　　動詞＋しないで**〈動詞＋지 않고〉

動詞の基本形の語尾다を取って지 않고をつけ、後ろの文を続ける。

점심도 먹다（お昼も食べる）＋ 지 않고（しないで）
チョム シム ド　モクタ　　　　　　　　　　チ　アンコ

＋ 돌아다녔어요（歩き回りました）
トラダニョッソヨ

＝점심도 먹지 않고 돌아다녔어요.（お昼も食べ<u>ないで</u>歩き回りました。）
チョム シム ド　モクチ　アンコ　トラダニョッソヨ

■ **禁止　　動詞＋しないで**〈動詞＋지 말고〉

動詞の基本形の語尾다を取って지 말고をつけ、後ろの文を続ける。

돌아가다（帰る）＋ 지 말고（しないで）
トラガダ　　　　　　　チ　マルゴ

＋ 기다리세요（待っていてください）
キダリセヨ

＝돌아가지 말고 기다리세요.（帰ら<u>ないで</u>待っていてください。）
トラガジ　マルゴ　キダリセヨ

名詞の否定形

動詞や形容詞ではなく、名詞を否定する場合には次のようになります。

■ **名詞＋ではありません**〈名詞＋가 아니에요 / 이 아니에요〉

● 名詞の語尾が**母音**で終わっている場合：そのまま가 아니에요をつける。

김정현씨（キム・ジョンヒョンさん）＋ 가 아니에요（ではありません）
キムジョンヒョン シ　　　　　　　　　　　　　　ガ　アニエヨ

＝김정현씨가 아니에요.（キム・ジョンヒョンさん<u>ではありません。</u>）
キムジョンヒョン シ ガ　アニエヨ

● **子音**で終わっている場合：そのまま이 아니에요をつける。

한국사람（韓国人）＋ 이 아니에요（ではありません）
ハングゥサラム　　　　　イ　アニエヨ

＝한국사람이 아니에요.（韓国人<u>ではありません。</u>）
ハングゥサラミ　アニエヨ

第20課 「～たいです」（希望）

여행도 가고 싶어요.
―旅行もしたいです。

정현: **아미씨, 갈비 좋아하세요?**

아미: **네, 좋아해요.**

정현: **그럼, 오늘 저녁은 제가 사겠습니다.**

◆ ◆ ◆

（갈비집에서）

정현: **앞으로 뭐하며 지낼 거예요?**

아미: **그냥 학교만 다니는 것이 아니라, 여행도 가고 싶어요. 유적이나 절을 돌아다니고 싶은데요. 어디 좋은 데 없을까요?**

정현: **그러면 경주가 제일 좋지요. 새마을호를 타면 갈 수 있어요.**

亜美はチョンヒョンにカルビをごちそうしてもらうことになりました。
亜美は残りの滞在期間にしたいことを話します。

日本語訳

チョンヒョン：**亜美さん、カルビは好きですか？**
亜　　美：**はい、好きです。**
チョンヒョン：**それじゃ、今日の夕食は僕がおごりますよ。**

◆　◆　◆

（焼肉屋で）
チョンヒョン：**これから、どう過ごす予定なの？**
亜　　美：**ただ学校へ通うだけでなく、
　　　　　　旅行もしたいです。
　　　　　　遺跡やお寺を見て回りたいのよ。
　　　　　　どこかいいところはないかしら？**
チョンヒョン：**それならキョンジュがおすすめですよ。
　　　　　　セマウル号に乗れば行けますよ。**

単語とフレーズ

갈비	カルビ
저녁	夕食
사겠습니다	おごります
앞으로	これから
그냥	ただ
여행	旅行
유적	遺跡
절	お寺
돌아다니고	見て回り（→돌아다니다）
좋은 데	いいところ
새마을호	セマウル号（韓国の特急列車）

第3章　応用表現

第20課 これでもっと通じる！

> **希望：〜たいです**　　　　　　　　　　　　　　旅行もしたいです。
>
> **여행도 가<u>고 싶어요</u>.**
> ヨ　ヘン　ド　カ　ゴ　シッ　ポ　ヨ
> 　　　　　　　<u>たいです</u>

この課では、「〜したい」という希望や願望の表現を学習します。

希望を表す表現

■ **動詞＋たいです**〈動詞＋고 싶어요〉

希望や願望を表すには動詞の基本形の **다** を取って **고 싶어요** をそのままつける。

친구가 되다（友だちになる）＋ **고 싶어요**（たいです）
チン グ ガ ドゥェ ダ　　　　　　　　　　ゴ　シッ ポ ヨ

＝**친구가 되고 싶어요.**（友だちになり<u>たいです</u>。）
チン グ ガ ドゥェ ゴ シッ ポ ヨ

좀（少し）＋ **쉬다**（休む）＋ **고 싶어요**（たいです）
チョム　　　　シュィ ダ　　　　　　ゴ　シッ ポ ヨ

＝**좀 쉬고 싶어요.**（少し休み<u>たいです</u>。）
チョム シュィ ゴ シッ ポ ヨ

■ **動詞＋たかったです**〈動詞＋고 싶었어요〉

「〜たいです」の過去形「〜たかったです」を表すには **싶어요** を過去形にして（p82参照）、**싶었어요** とする。

제주도에 가다（済州島へ行く）＋ **고 싶었어요**（たかったです）
チェ ジュ ド エ カ ダ　　　　　　　　　　　ゴ　シッ ポッ ソ ヨ

＝**제주도에 가고 싶었어요.**（済州島へ行き<u>たかったです</u>。）
チェ ジュ ド エ カ ゴ シッ ポッ ソ ヨ

보다（会う）＋ **고 싶었어요**（たかったです）
ポ ダ　　　　　　　ゴ　シッ ポッ ソ ヨ

＝**보고 싶었어요.**（会い<u>たかったです</u>。）
ポ ゴ シッ ポッ ソ ヨ

その他の希望表現

「〜고 싶어요」のほかに、「〜았으면 좋겠어요 / 〜었으면 좋겠어요」（〜たらいいと思う）という表現もよく使われるので、あわせておぼえましょう。

■ 動詞・形容詞＋たらいいなと思います

〈動詞・形容詞＋았으면 좋겠어요 / 었으면 좋겠어요〉

- 動詞・形容詞の基本形다の前の**母音**がㅏ、ㅗで終わっている場合：다を取って았으면 좋겠어요をつける。

    값이 좀 더 싸다（値段がもう少し安い）
    カプ シ ジョム ド サダ

    ＋ 았으면 좋겠어요（たらいいなと思います）
    　 アッ ス ミョン チョッケッ ソ ヨ

    ＝값이 좀 더 쌌으면 좋겠어요.
    　カプ シ ジョム ド サッス ミョン チョッケッ ソ ヨ
    （値段がもう少し安かったらいいなと思います。）

- 다の前の**母音**がㅏ、ㅗ**以外**で終わっている場合：다を取って었으면 좋겠어요をつける。

    비가 그치다（雨が止む）
    ピ ガ クチダ

    ＋ 었으면 좋겠어요（たらいいなと思います）
    　 オッ ス ミョン チョッケッ ソ ヨ

    ＝비가 그쳤으면 좋겠어요.（雨が止んだらいいなと思います。）
    　ピ ガ ク チョッ ス ミョン チョッケッ ソ ヨ

第3章 応用表現

147

第21課 敬語 ①

잠깐만 기다리세요.
チャム カン マン　キ ダ リ セ ヨ
—少々お待ちください。

아 미 : **저, 이희수선생님 계세요?**
　　　チョー　イ ヒ ス ソンセンニム　ケセヨ

사무원 : **네, 잠깐만 기다리세요.**
　　　　ネー　チャムカンマン　キダリセヨ

◆ ◆ ◆

아 미 : **선생님, 안녕하세요?**
　　　ソンセンニム　アンニョンハセヨ

선생님 : **어, 요시다씨, 웬일이에요?**
　　　　オー　ヨシダシ　ウェニリエヨ

아 미 : **선생님, 오후에 시간 있으시면,**
　　　ソンセンニム　オフエ　シガン　イッスシミョン
　　　차라도 한잔 하고 싶어서요.
　　　チャラド　ハンジャン　ハゴ　シッポソヨ

선생님 : **3시쯤이면 괜찮아요.**
　　　　セ シ チュミミョン　クェンチャナヨ
　　　　3시에 여기서 봐요.
　　　　セ シ エ　ヨギソ　ボァヨ

아 미 : **그럼 이따가 뵙겠습니다.**
　　　クロム　イッタガ　プェプケッスムニダ

帰国を間近に、亜美は大学の語学センターの先生を訪ねます。

亜　美：あの、イ・ヒス先生いらっしゃいますか？
事務員：はい、少々お待ちください。

◆　◆　◆

亜　美：**先生、こんにちは。**
先　生：**あ、吉田さん、どうしたんですか。**
亜　美：**先生、午後お時間があれば、**
　　　　いっしょにお茶でも一杯と思って。
先　生：**３時ごろなら大丈夫です。**
　　　　３時にここで会いましょう。
亜　美：**では、後ほどお目にかかります。**

第3章　応用表現

日本語訳

単語とフレーズ

계세요?	いらっしゃいますか？	한잔	一杯
웬일이에요?	どうしたんですか？	괜찮아요	大丈夫です
오후	午後	이따가	後ほど
차라도	お茶でも	뵙겠습니다	お目にかかります

第21課 これでもっと通じる！

> **敬語①：尊敬語**　　　　　　　　　　　少々お待ちください。
>
> <u>잠깐만</u> **기다리세요.**
> チャム カン マン　　キ ダ リ セ ヨ
> お待ちください。

　日本語は諸外国の言語に比べ、敬語の発達した言語といわれています。しかし、韓国語にも日本語におとらず8段階とも6段階ともいわれる体系があります。最近、韓国語でも敬語の体系が崩れてきていますが、まだまだ目上の人に対してはしっかりと敬語を使わないと、礼儀を知らないと思われてしまいます。

　韓国語の敬語には、語彙を尊敬語または謙譲語にかえる方法（語彙の敬語化）と、文末表現をていねいにする方法があります。語彙の敬語化には、一般の語彙に시/으시をつける方法と、敬語の意味を持つ語彙を使う方法があります。

語彙の敬語化

　「〜세요/〜으세요」には、命令や依頼の意味（p87）以外に、「尊敬」の意味があります。つまり、基本形の다の前に시/으시をつけることによって、語彙を尊敬語にすることができます。

- 動詞の基本形の語尾다の前が**母音**で終わっている場合：다の前に시をつける。

  오다（来る）→ 오시다（みえる）
  オ ダ　　　　　　オ シ ダ

- **子音**で終わっている場合：다の前に으시をつける。

  읽다（読む）→ 읽으시다（読まれる）
  イッタ　　　　　　イル グ シ ダ

* 形容詞の場合も、基本形の語尾다を取って시をつけると尊敬語になります。

　예쁘다（美しい）→ 예쁘시다（お美しい）
　イェップ ダ　　　　　　イェップ シ ダ

文末表現による敬語

ここでは、もっとも多く使われる2種類の文末表現を紹介します。

■ 語彙と文末を敬語化

〈動詞＋십니다 / 으십니다 / 세요 / 으세요〉

시 / 으시をつけた尊敬語に文末表現の「아요 / 어요」をつけます。

오늘은 손님이（今日はお客様が）＋ 오시다（みえる）＋ 어요（ます）
＝오늘은 손님이 오시어요.
＝오늘은 손님이 오세요.　　（今日はお客様がみえます。）

接続する語彙に시 / 으시をつけ敬語化し、さらにもっともフォーマルな文末表現「〜ㅂ니다 / 〜습니다」をつけると、さらにていねいな表現となります。

선생님은 언어학을（先生は言語学を）
＋ 연구하시다（研究される）＋ ㅂ니다（ます）
＝선생님은 언어학을 연구하십니다.
（先生は言語学を研究していらっしゃいます。）

■ 文末のみ敬語化〈動詞＋ㅂ니다 / 습니다〉

「〜ㅂ니다 / 〜습니다」を用いて文末だけていねいにした表現です。

저는 김치를 잘（わたしはキムチをよく）
＋ 먹다（食べる）＋ 습니다（ます）
＝저는 김치를 잘 먹습니다.（わたしはキムチをよく食べます。）

＊ かしこまった場面でないかぎり、基本的には文末のみ敬語化した表現を用いれば、相手に不愉快な思いをさせることはないでしょう。しかし尊敬の意を表すには시 / 으시を使う必要があり、ここで学習した表現の中では、십니다 / 으십니다の形がもっともていねいな表現になります。

第3章　応用表現

第22課 敬語 ②

드셨어요?
—召し上がりましたか?

아 미: **선생님, 점심은 드셨어요?**

선생님: **아까 학교식당에서 먹었어요.**
학교 생활은 어때요?

아 미: **덕분에 재미있게 지내고 있어요.**
내일은 2박 3일로
경주에 가기로 했어요.

선생님: **일본에는 언제 돌아가지요?**

아 미: **다음주에 돌아가요.**

선생님: **벌써 그렇게 됐나?**

아 미: **돌아가면 선생님께 편지 드릴게요.**

亜美は、大学の語学センターの先生と、韓国での生活や帰国前のあいさつなどを交わします。

日本語訳

亜　美： 先生、お昼ご飯は召し上がりましたか？
先　生： さっき学校の食堂で食べました。
　　　　 学校生活はどうですか？
亜　美： お陰様で楽しく過ごしています。
　　　　 明日からは、２泊３日で
　　　　 キョンジュへ行くことにしました。
先　生： 日本にはいつ帰るのですか？
亜　美： 来週帰ります。
先　生： もうそんな時期になったの？
亜　美： 帰ったら先生に手紙を差し上げます。

単語とフレーズ

드시다	召し上がる	가기로 했다	行くことにした
아까	さっき	돌아가다	帰る／戻る
학교식당	学校の食堂	다음주	来週
생활	生活	벌써	すでに／もう
덕분에	お陰様で	께	に（에게の敬語）
재미있게	楽しく	편지	手紙
지내다	過ごす	드릴게요	差し上げます
2박3일로	２泊３日で		

第３章　応用表現

第22課 これでもっと通じる！

敬語②：相対敬語、謙譲語　　　　　　　　　　　召し上がりましたか？

드셨어요?
トゥショッソヨ
召し上がりましたか？

　前課に引き続き敬語を学習します。ここでは尊敬や謙譲の意味をもともと持っている特別なことばを学習します。

日韓敬語の違い（絶対敬語と相対敬語）

　日本語と韓国語の敬語の一番大きな違いは、日本語が対話の相手や話題の主との関係によって敬語の使い方が決まる「相対敬語」であるのに対して、韓国語では相手の年齢や身分・地位によってあらかじめ敬語を使うかどうかが決まっている「絶対敬語」の傾向が強いということです。

　例えば、

　　우리 학교의 음악 선생님은 아주 예쁘신 분입니다.
　　　ウリ　ハッキョエ　ウマッ　ソンセンニムン　アジュ　イェップシン　ブニムニダ
　（うちの学校の先生は、とてもお美しい方です。）

という場合には、日本語でもどんな状況でも同じ形で表現しますが、「父はただいま家にいませんが」のように、身内のことを外に向けて話す場合には敬語を使いません。しかし、韓国語では、父親・社長・先生など「目上」の人に対しては、いつどのような場合でも敬語を使うのが原則です。したがって、

　　아버님은 지금 집에 안 계시는데요.
　　　アボニムン　チグム　チベ　アン　ゲシヌンデヨ
　（お父様はただいま家にいらっしゃらないのですが。）

となります。

尊敬や謙譲の意味を持つ語彙

そのことば自体に尊敬や謙譲の意味を持つ語彙を以下にまとめます。

a. 動詞（補助動詞）

있다（いる）→ 계시다（いらっしゃる）
イッタ　　　　　　ケシダ

자다（寝る）→ 주무시다（お休みになる）
チャダ　　　　　　チュムシダ

주다（上げる）→ 드리다（差し上げる）
チュダ　　　　　　トゥリダ

먹다（食べる）→ 잡수시다（召し上がる）
モッタ　　　　　　チャプスシダ

들다（いただく）→ 드시다（召し上がる）
トゥルダ　　　　　　トゥシダ

b. 助詞

日本語では助詞を敬語化することはありませんが、韓国語では目上の人を対象にするとき、助詞を敬語化することがあります。

- **께서** (이 / 가) 助詞「が」の敬語

  아버님께서 늘 하시던 말씀이었다.
  アボニムケソ　ヌル　ハシドン　マルスミオッタ
  （お父様がいつもおっしゃっていたことだった。）

- **께서는** (는 / 은) 助詞「は」の敬語

  할아버님께서는 오늘 새벽에 돌아가셨다.
  ハラボニムケソヌン　オヌル　セビョゲ　トラガショッタ
  （おじい様は今朝方、お亡くなりになりました。）

- **께** (에게) 助詞「に」の敬語

  선생님께 여쭤 봐요?
  ソンセンニムケ　ヨッチュオ　ボァヨ
  （先生に聞かれたら？）

c. その他

사람（人）→ 분（方）
サラム　　　　ブン

말（ことば）→ 말씀（おことば）
マル　　　　　　マルスム

밥（飯）→ 진지（ご飯）
パプ　　　　チンジ

第23課 「〜のために／〜のせいで」（目的／原因）

그 성사를 위해서 희생시켰대요.
―その成就のために犠牲にしたそうですよ。

안내원: **아가씨는 어디서 오셨어요?**

아 미: **일본에서요.**

안내원: **아가씨, 이게 그 유명한 에밀레종이에요.
종을 만들 때, 그 성사를 위해서
어린 여자애를 희생시켰대요.**

아 미: **어머.**

안내원: **그 때부터 종을 치면
그 소리가 "에밀레, 에밀레"
하고 슬프게 들려요.**

セマウル号でキョンジュに着いた亜美は、国立博物館を訪ねます。そこで、係員から悲しい伝説を聞かされます。

日本語訳

係　員： お嬢さん、どこからいらしたんですか？
亜　美： 日本からです。
係　員： お嬢さん、これがかの有名なエミルレの鐘ですよ。
　　　　 鐘を作るとき、その成就のために
　　　　 幼い女の子を犠牲にしたそうですよ。
亜　美： まあ。
係　員： そのときから、鐘を打つと
　　　　 その音が、「お母ちゃん、お母ちゃん」と
　　　　 悲しげに聞こえるんですよ。

単語とフレーズ

이게	これが（이것이の省略形）	희생	犠牲／いけにえ
에밀레종	エミルレの鐘（新羅時代の771年に完成）	～대요	～だそうです
성사	成就	어머	まあ（女性が発する感嘆詞）
～를 위해서	～のために	슬프게	悲しげに
어린 여자애	幼い女の子	들리다	聞こえる

第3章　応用表現

第23課 これでもっと通じる！

目的／原因：「～のために／～のせいで」　その成就のために犠牲にしたそうですよ。

그 성사를 위해서 희생시켰대요.
（ク　ソン　サルル　ウィヘソ　ヒ　セン　シ　キョッテ　ヨ）
のために

日本語の「～のために」という表現には、目的を表す場合と、「～のせいで」に置きかえられる、原因を表す場合の2つの意味があります。韓国語では、これらを区別して表現します。

■ ～のために（目的）

〈名詞＋를(을) 위해서〉

　　母音で終わる名詞は**를 위해서**と続け、**子音**で終わる名詞は**을 위해서**と続けます。

유학 가는 스즈키씨（留学する鈴木さん）＋**를 위해서**（のために）
（ユハクカヌン スズキシ）　　　　　　　　　（ルル ウィヘソ）

＋**건배!**(乾杯！)
（コンベ）

＝**유학 가는 스즈키씨를 위해서 건배!**（留学する鈴木さん<u>のために</u>乾杯！）
（ユハクカヌン スズキシルル ウィヘソ コンベ）

〈動詞＋기＋위해서〉

　　動詞の場合、基本形の**다**を取って**기 위해서**をつける。

일찍 일어나다（早く起きる）＋**기 위해서**（のために）
（イルチギロナダ）　　　　　　　（ギ ウィヘソ）

＋**일찍 잤습니다**（早く寝ました）
（イルチッ チャッスムニダ）

＝**일찍일어나기 위해서 일찍 잤습니다.**（早く起きる<u>ために</u>早く寝ました。）
（イルチギロナギ ウィヘソ イルチッ チャッスムニダ）

■ ～のために／～のせいで（原因）

〈名詞＋때문에〉

　　名詞にそのまま**때문에**をつなげる。

비（雨）＋ 때문에（のために）
＋ 내일 일정이 연기됐어요（明日の日程が延期されました）
＝비 때문에 내일 일정이 연기됐어요.
（雨のために明日の日程が延期されました。）

〈動詞・形容詞＋기＋때문에〉
　　動詞・形容詞の場合、基本形から다を取って기 때문에につなげます。

잘 모르다（よく知らない）＋ 기 때문에（ために）
＋ 오해를 하는 경우가 많아요（誤解することが多いです）
＝잘 모르기 때문에 오해를 하는 경우가 많아요.
（よく知らないために誤解することが多いです。）

～するとき／～したとき

　　会話で「종을 만들 때」（鐘を作るとき）と出てきましたが、このように物事が起こるときを表すには、次のようにします。

〈動詞・形容詞の現在形＋ㄹ(을)＋때〉（～するとき）
　　動詞・形容詞の基本形の다の前が母音で終わるときは다を取ってㄹ 때、子音で終わるときは다を取って을 때と続ける。

제 도움이 필요하다（わたしの助けが必要だ）＋ ㄹ 때（とき）
＋ 는 언제든지 전화를 주세요（はいつでもお電話ください）
＝제 도움이 필요할 때는 언제든지 전화를 주세요.
（わたしの助けが必要なときはいつでもお電話ください。）

〈動詞・形容詞＋았을(었을)＋때〉（～したとき）
　　動詞・形容詞の다の前の母音がㅏ、ㅗで終わるときは다を取って았을 때を、ㅏ、ㅗ以外のときは다を取って었을 때をつける。

한국에 살다（韓国に住む）＋았을 때（でいたとき）
＋ 한번 경주에 갔어요（一度キョンジュへ行きました）
＝한국에 살았을 때 한번 경주에 갔어요.
（韓国に住んでいたとき一度キョンジュへ行きました。）

第3章　応用表現

第24課 「〜ましょう」（勧誘）

어디 가서 한잔 합시다.
―どこかに行って一杯やりましょう。

아 미: **정현씨, 그 동안 신세 많이 졌어요.
이거 경주에서 산 선물이에요.**

정 현: **고마워요.
와 예쁜 소리가 나는 종이다!**

아 미: **정현씨, 또 일본에 놀러 와요.**

정 현: **네, 저도 아미씨를 보고 싶으니까,
내년에 가기로 했어요.**

아 미: **정말이에요?
그럼 우리 동경에서 다시 만나요.**

정 현: **어, 비가 오네. 어디 가서 한잔 합시다.**

亜美は最後にキム・ジョンヒョンに会って、明日帰国する日本での再会を約束します。

亜　　　美：チョンヒョンさん、この間はとてもお世話になりました。
　　　　　　これ、キョンジュで買ったおみやげなの。
チョンヒョン：ありがとう。
　　　　　　わあ、きれいな音のする鐘だね。
亜　　　美：チョンヒョンさん、また日本に遊びに来てね。
チョンヒョン：うん、僕も亜美さんに会いたいから、
　　　　　　来年行くことにするね。
亜　　　美：本当？
　　　　　　じゃ、東京でわたしたち、また会いましょう。
チョンヒョン：あ、雨だ。どこかに行って一杯やりましょう。

日本語訳

第3章　応用表現

単語とフレーズ

그 동안	この間	정말	本当
신세	世話	동경	東京
선물	おみやげ／プレゼント	우리	わたしたち／われわれ
와	わぁ（感嘆詞）	다시	また／再び
소리	音／声	비	雨

第24課 これでもっと通じる！

勧誘：「～ましょう」　　　　　どこかへ行って一杯やりましょう。

어디 가서 한잔 합시다.
オディ　ガソ　ハンジャン　ハㇷ゚シダ
　　　　　　　　　　　　やりましょう

この課では「～ましょう」という勧誘の表現を学習します。

勧誘の表現

■ ～ましょう（勧誘）

〈動詞＋ㅂ시다／읍시다〉

　動詞の基本形の語尾다の前が**母音**で終わるときは다を取って**ㅂ시다**
子音で終わるときは다を取って**읍시다**と続ける。

내일 2시에 만나다（明日、2時に会う）＋ ㅂ시다（ましょう）
ネイル トゥシ エ マンナダ　　　　　　　　　　　　ㇷ゚シダ
＝내일 2시에 만납시다.（明日、2時に会いましょう。）
　ネイル トゥシ エ マンナㇷ゚シダ

여기 앉다（ここに座る）＋ 읍시다（ましょう）
ヨギ アンタ　　　　　　　　　ウㇷ゚シダ
＝여기 앉읍시다.（ここに座りましょう。）
　ヨギ アンジュㇷ゚シダ

＊「～しましょう」のくだけた言い方で、「～しよう」というときは、「～**자**」
と言います。動詞の基本形の語尾から다を取って**자**をつけるだけです。

한잔 하다（一杯やる）＋ 자（しよう）
ハンジャン ハダ　　　　　　　ジャ
＝한잔 하자.（一杯やろう。）
　ハンジャン ハジャ

한국을 더 알다（韓国をもっと知る）＋ 자（しよう）
ハンググル ト アルダ　　　　　　　　　　　　ジャ
＝한국을 더 알자.（韓国をもっと知ろう。）
　ハンググル ト アルジャ

～しに（目的）

「～しに」と目的の表現も学習しましょう。

〈動詞＋러 / 으러〉

動詞の基本形の語尾**다**の前が母音で終わるときは**다**を取って**러**、子音で終わるときは**다**を取って**으러**と続ける。

일상용품을 사다（日用品を買う）＋ 러（しに）
イル サン ヨン プム ル サ ダ　　　　　　ロ
＋ 가고 싶은데요（行きたいのですが）
　 ガ ゴ　シッ プン デ ヨ
＝일상용품을 사러 가고 싶은데요.（日用品を買いに行きたいのですが。）
　イル サン ヨン プム ル　サ ロ　ガ ゴ　シッ プン デ ヨ

갈비를 먹다（カルビを食べる）＋ 으러（しに）
カル ビ ルル モッ タ　　　　　　　　　ウ ロ
＋ 갔어요.（行きました）
　 ガッ ソ ヨ
＝갈비를 먹으러 갔어요.（カルビを食べに行きました。）
　カル ビ ルル　モ グ ロ　ガッ ソ ヨ

～ことにする

「～ことにする」という確定した事柄の表し方もおぼえましょう。

〈動詞＋기로 하다〉

動詞の基本形の語尾**다**を取って**기로 하다**と続ける。

내일 아침 일찍 출발하다（明日、朝早く出発する）
ネ イル ア チム イルチッ チュル バ ラ ダ
＋ 기로 했어요（ことにしました）
　 ギ ロ ヘッ ソ ヨ
＝내일 아침 일찍 출발하기로 했어요.
　ネ イル ア チム イルチッ チュル バ ラ ギ ロ ヘッ ソ ヨ
（明日、朝早く出発することにしました。）

매일 조깅을 하다（毎日ジョギングする）
メ イル チョ ギン ウル ハ ダ
＋ 기로 했어요（ことにしました）
　 ギ ロ ヘッ ソ ヨ
＝매일 조깅을 하기로 했어요.（毎日ジョギングすることにしました。）
　メ イル チョ ギン ウル ハ ギ ロ ヘッ ソ ヨ

第25課 電話のかけ方

택시 한 대만 보내 주세요.
—タクシーを1台お願いします。

아 미 : **여보세요, 택시회사죠?**

사무원 : **네, 어디세요?**

아 미 : **네, 여기 연희동 대림오피스텔인데요.
택시 한 대만 보내 주세요.**

사무원 : **성함이 어떻게 되세요?**

아 미 : **요시다 아미라고 합니다.
시간이 얼마나 걸리죠?**

사무원 : **10분이면 갈 거예요.**

아 미 : **네, 알겠습니다. 오피스텔
현관 앞에서 기다리겠습니다.**

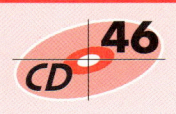

いよいよ日本に帰る日となりました。亜美は荷物がたくさんあるので、電話をかけてタクシーを呼びます。

亜　美：	もしもし、タクシー会社ですか？
事務員：	はい、どちら様ですか？
亜　美：	こちらはヨニドンのテリムオフィステルですが、タクシーを1台お願いします。
事務員：	お名前は？
亜　美：	吉田亜美です。どれくらいかかりますか？
事務員：	10分ぐらいで行けると思います。
亜　美：	はい、わかりました。マンションの玄関の前で待っています。

単語とフレーズ

여보세요	もしもし		걸리다	（時間が）かかる
택시회사	タクシー会社		～죠	지요の縮約形
어디세요?	どちら様ですか？／どこですか？		～이면	～なら／～ぐらいで
한 대	1台		알겠습니다	わかりました
보내 주세요	送ってください／行かせてください		현관	玄関
			앞에서	前で
성함	お名前（이름の敬語）		기다리겠습니다	待っています

第3章　応用表現

第25課 これでもっと通じる！

　韓国での電話の応対は、日本とだいたい同じです。かけるときは「**여보세요? 저는 요시다라고 하는데요, 정현씨 계십니까?**」(もしもし、吉田と申しますが、チョンヒョンさんはいらっしゃいますか？)、受けるときは「**여보세요? 요시다입니다. 누구(어디)세요?**」(もしもし、吉田です。どちら様ですか？)といった具合です。

　ただ、韓国の場合、日本ほど格式ばっていないため、個人宅に電話をかけた場合には、「**여보세요?**」といった返事しか戻ってこないことが多いのも事実です。

電話をかけるときよく使う表現

　電話をかけるときによく使う表現を学び、実際に電話をかけられるようにしましょう。

もしもし？	여보세요？ ヨボセヨ
どちら様ですか？	누구세요？ / 어디세요？ ヌグセヨ　オディセヨ
ただ今、他の電話に出ています。	지금 통화중인데요. チグム　トンファジュンインデヨ
今、席を外していますが。	지금 자리에 없는데요. チグム　チャリエ　オムヌンデヨ
かけ間違えました。	잘못 걸었어요. チャル　モッ　コロッソヨ
後でまたかけます。	이따가 다시 전화 할게요. イッタガ　タシ　チョヌァ　ハルケヨ
お電話くださるよう、お伝えください。	전화해달라고 좀 전해 주세요. チョヌァヘタルラゴ　チョム　ジョネ　ジュセヨ
もう少し大きな声でお願いします。	좀 더 큰 목소리로 말씀해 주세요. チョム　ドク　ン　モクソリロ　マルスメ　ジュセヨ
そちらの電話番号は？	그 쪽 전화번호는 몇번이지요？ クッチョク　チョヌァボノヌン　ミョッボニジョ

わたしの電話番号は、03-3456-○○○○です。	제 전화번호는 03-3456-○○○○입니다.
日本へ国際電話をかけたいのですが。	일본에 국제전화를 걸고 싶은데요.
コレクトコールでお願いします。	컬렉트콜로 부탁합니다.
何のご用ですか？	무슨 일이신데요?
もっとゆっくり話してください。	좀 더 천천히 말씀해 주세요.
もう一度話してください。	다시 한번 말씀해 주세요.

コラム ― 韓国の公衆電話事情

　韓国の公衆電話はカード式のもの、コイン式のもの、併用式のものがあります。カード専用式のものが多いので、たびたび国際電話をかける場合などには、テレフォンカードを買っておいたほうが便利でしょう。カードは駅やバス停の売店で売っていて、カード式の電話機なら、みな国際電話をかけることができます。（日本と違い、電話機にカードを入れるときは、絵柄の面を下にします）

　コイン式の電話ボックスに入ると、よく受話器が置きっぱなしにされていることがあります。韓国の公衆電話はコインを入れると、料金がなくなるまで何カ所にでもかけられるからで、用事がすんだ人は受話器を切らず、次の人のために「再発信」のボタンを押して出ていくのです。運がいいと、ただで電話がかけられるわけです。

　なお、緊急電話をかける場合、救急・消防は日本と同じ119番、警察は112番です。

★動詞・形容詞の不規則変化表★

動詞・形容詞には不規則な変化をするものがあります。この表では、代表的な不規則変化を集めてありますので、規則変化との違いを確認しましょう。

■動詞の不規則変化表

	規則変化	規則変化	으変則	으変則	르変則	르変則	러変則	하変則	어変則	ㅂ変則	ㅂ変則	ㄷ変則	ㄷ変則	ㅅ変則	ㅅ変則	ㄹ変則	ㄹ変則
	基本形の語尾다の前がㅏ/ㅗのもの	基本形の語尾다の前がㅏ/ㅗ以外のもの	으の前がㅏ/ㅗのもの	으の前がㅏ/ㅗ以外のもの	르の前がㅏ/ㅗのもの	르の前がㅏ/ㅗ以外のもの	これ一語のみ	～하다動詞すべて		ㅂ変則で와をとるのはこれ一語のみ		基本形の語尾다の前がㅏ/ㅗのもの	基本形の語尾다の前がㅏ/ㅗ以外のもの	基本形の語尾다の前がㅏ/ㅗのもの	基本形の語尾다の前がㅏ/ㅗ以外のもの	基本形の語尾다の前がㅏ/ㅗのもの	基本形の語尾다の前がㅏ/ㅗ以外のもの
基本形	가다 行く	먹다 食べる	따르다 従う	쓰다 使う	모르다 知らない	부르다 呼ぶ	이르다 至る	하다 する	그러다 そうする	돕다 助ける	눕다 横になる	깨닫다 悟る	듣다 聞く	낫다 治る	짓다 つくる	알다 知る	만들다 作る
ていねいでない現在形 ㄴ다／는다	간다	먹는다	따른다	쓴다	모른다	부른다	이른다	한다	그런다	돕는다	눕는다	깨닫는다	듣는다	낫는다	짓는다	안다	만든다
ていねいな現在形 ㅂ니다／습니다	갑니다	먹습니다	따릅니다	씁니다	모릅니다	부릅니다	이릅니다	합니다	그럽니다	돕습니다	눕습니다	깨닫습니다	듣습니다	낫습니다	짓습니다	압니다	만듭니다
現在連体形 는	가는	먹는	따르는	쓰는	모르는	부르는	이르는	하는	그러는	돕는	눕는	깨닫는	듣는	낫는	짓는	아는	만드는
未来連体形 ㄹ／을	갈	먹을	따를	쓸	모를	부를	이를	할	그럴	도울	누울	깨달을	들을	나을	지을	알	만들
過去連体形 ㄴ／은	간	먹은	따른	쓴	모른	부른	이른	한	그런	도운	누운	깨달은	들은	나은	지은	안	만든
尊敬形語幹 시-／으시-	가시-	먹으시-*	따르시-	쓰시-	모르시-	부르시-	이르시-	하시-	그러시-	도우시-	누우시-	깨달으시-	들으시-	나으시-	지으시-	아시-	만드시-
仮定形 면／으면	가면	먹으면	따르면	쓰면	모르면	부르면	이르면	하면	그러면	도우면	누우면	깨달으면	들으면	나으면	지으면	알면	만들면
命令引用形 라고／으라고	가라고	먹으라고	따르라고	쓰라고	모르라고	부르라고	이르라고	하라고	그러라고	도우라고	누우라고	깨달으라고	들으라고	나으라고	지으라고	알라고	만들라고
連用形 아／어	가	먹어	따라	써	몰라	불러	이르러	하여／해	그래	도와	누워	깨달아	들어	나아	지어	알아	만들어
ていねいな現在形 아요／어요	가요	먹어요	따라요	써요	몰라요	불러요	이르러요	해요	그래요	도와요	누워요	깨달아요	들어요	나아요	지어요	알아요	만들어요
ていねいでない過去形 았다／었다	갔다	먹었다	따랐다	썼다	몰랐다	불렀다	이르렀다	하였다／했다	그랬다	도왔다	누웠다	깨달았다	들었다	나았다	지었다	알았다	만들었다
ていねいな過去形 았습니다／었습니다	갔습니다	먹었습니다	따랐습니다	썼습니다	몰랐습니다	불렀습니다	이르렀습니다	하였습니다／했습니다	그랬습니다	도왔습니다	누웠습니다	깨달았습니다	들었습니다	나았습니다	지었습니다	알았습니다	만들었습니다
ていねいな過去形 았어요／었어요	갔어요	먹었어요	따랐어요	썼어요	몰랐어요	불렀어요	이르렀어요	하였어요／했어요	그랬어요	도왔어요	누웠어요	깨달았어요	들었어요	나았어요	지었어요	알았어요	만들었어요
回想過去連体形 았던／었던	갔던	먹었던	따랐던	썼던	몰랐던	불렀던	이르렀던	하였던／했던	그랬던	도왔던	누웠던	깨달았던	들었던	나았던	지었던	알았던	만들었던
命令形 아라／어라	가라	먹어라	따라라	써라	몰라라	불러라	이르러라	하여라／해라	그래라	도와라	누워라	깨달아라	들어라	나아라	지어라	알아라	만들어라

＊実際には**잡수시다**が使われる。

■形容詞の不規則変化表

	規則変化		으変則		르変則		러変則	하変則	ㅂ変則			ㅎ変則				ㄹ変則	
	基本形の語尾다の前がㅏ/ㅗのもの	基本形の語尾다の前がㅏ/ㅗ以外のもの	으の前がㅏ/ㅗのもの	으の前がㅏ/ㅗ以外のもの	르の前がㅏ/ㅗのもの	르の前がㅏ/ㅗ以外のもの	~하다形容詞すべて	ㅂ変則で와をとるのはこれ一語のみ	基本形の語尾다の前がㅏ/ㅗのもの	基本形の語尾다の前がㅏ/ㅗ以外のもの	基本形の語尾다の前がㅏ/ㅗのもの	基本形の語尾다の前がㅏ/ㅗ以外のもの	基本形の語尾다の前がㅕ/ㅗ以外のもの	基本形の語尾다の前がㅏ/ㅗのもの	基本形の語尾다の前がㅏ/ㅗ以外のもの
基本形	싸다 安い	시다 酸っぱい	아프다 痛い	크다 大きい	빠르다 速い	이르다 早い	푸르다 青い	피곤하다 疲れている	곱다 きれいだ	가깝다 近い	덥다 暑い	까맣다 真っ黒だ	하얗다 真っ白だ	그렇다 そうだ	부옇다 ほの白い	달다 甘い	길다 長い
ていねいな現在形 ㅂ니다/습니다	쌉니다	십니다	아픕니다	큽니다	빠릅니다	이릅니다	푸릅니다	피곤합니다	곱습니다	가깝습니다	덥습니다	까맣습니다	하얗습니다	그렇습니다	부옇습니다	답니다	깁니다
現在連体形 ㄴ/은	싼	신	아픈	큰	빠른	이른	푸른	피곤한	고운	가까운	더운	까만	하얀	그런	부연	단	긴
未来連体形 ㄹ/을	쌀	실	아플	클	빠를	이를	푸를	피곤할	고울	가까울	더울	까말	하얄	그럴	부열	달	길
尊敬形語幹 시-/으시-	싸시-	시시-	아프시-	크시-	빠르시-	이르시-	푸르시-	피곤하시-	고우시-	가까우시-	더우시-	까마시-	하야시-	그러시-	부여시-	다시-	기시-
仮定形 면/으면	싸면	시면	아프면	크면	빠르면	이르면	푸르면	피곤하면	고우면	가까우면	더우면	까마면	하야면	그러면	부여면	달면	길면
連用形 아/어	싸	시어/셔	아파	커	빨라	일러	푸르러	피곤하여/피곤해	고와	가까워	더워	까매	하얘	그래	부예	달아	길어
ていねいな現在形 아요/어요	싸요	시어요/셔요	아파요	커요	빨라요	일러요	푸르러요	피곤하여요/피곤해요	고와요	가까워요	더워요	까매요	하얘요	그래요	부예요	달아요	길어요
ていねいでない過去形 았다/었다	쌌다	시었다/셨다	아팠다	컸다	빨랐다	일렀다	푸르렀다	피곤하였다/피곤했다	고왔다	가까웠다	더웠다	까맸다	하얬다	그랬다	부옜다	달았다	길었다
ていねいな過去形 았습니다/었습니다	쌌습니다	시었습니다/셨습니다	아팠습니다	컸습니다	빨랐습니다	일렀습니다	푸르렀습니다	피곤하였습니다/피곤했습니다	고왔습니다	가까웠습니다	더웠습니다	까맸습니다	하얬습니다	그랬습니다	부옜습니다	달았습니다	길었습니다
ていねいな過去形 았어요/었어요	쌌어요	시었어요/셨어요	아팠어요	컸어요	빨랐어요	일렀어요	푸르렀어요	피곤했어요	고왔어요	가까웠어요	더웠어요	까맸어요	하얬어요	그랬어요	부옜어요	달았어요	길었어요
回想過去連体形 았던/었던	쌌던	시었던/셨던	아팠던	컸던	빨랐던	일렀던	푸르렀던	피곤하였던/피곤했던	고왔던	가까웠던	더웠던	까맸던	하얬던	그랬던	부옜던	달았던	길었던

部分が不規則変化部分

＊ここでとりあげた変則パターンと同じ子音・母音などがつく動詞・形容詞でも、規則変化する場合があります。
不規則変化をするものについては、辞書にその旨が必ず書いてあるので一つ一つ確認しましょう。

第3章 応用表現

휴게 日本語と韓国語の敬語の違い

来客：○○商事の朴課長といいますが、
　　　社長さんいらっしゃいますか。
受付：社長さんはただいま、
　　　外出していらっしゃいます。

　この会話を読んで何か変だなと思わない日本人は、敬語の感覚がそうとう鈍っています。日本語だったら、

来客：○○商事の朴と申しますが、○○社長はいらっしゃいますか。
受付：社長はただいま、外出しております。

とならなければなりません。しかし最初の例文は、韓国語にそのまま訳せばちっともおかしくありません。
　日本の敬語は、尊敬語と謙譲語を巧みに使い分けるという特徴のほかにも、「上下の敬語」と「内と外の敬語」を使い分け、上下よりも内と外の関係を重視するという特徴を持っています。
　一方、韓国語は謙譲語があまり発達していないうえに、「上下の敬語」が絶対的で、「内と外の敬語」という概念がありません。ですから、前記の会話でも、来客＝外、社長＝内という意識がなく、課長の朴さん、あるいは受付の自分に対して、絶対的に上の立場にある社長に尊敬語を使うわけです（ちなみに、韓国では、自分に対しても「朴課長」のように肩書きをつけて呼びます）。
　このように、敬語が非常に発達している日本人にとっては、韓国語の敬語は単純で、本来なら簡単に慣れるものだと思います。しかし最近は、敬語を自在に操れる日本人が少なくなってきているようです。電話で、「○○さんは今いらっしゃいません」などと、まるで韓国語の敬語を使ったかのような、まちがった日本語の応対をよく受けます。
　一方、韓国は儒教の国ですから、いまだに親をはじめ、目上の人に敬語をきっちり使っています。そうした言語習慣のある韓国人なら、少々複雑な日本の敬語も、勘どころさえ押さえてしまえば、案外簡単に使いこなせることでしょう。

第4章

文章を書く

第1課 日記をつける

9 월 30 일

한국에 온지 벌써 3개월이 지났다.

시간이 흐르는 것이 정말 빠르다.

회사에 휴가를 내고 찾아온 한국에서의 3개월,

나에게는 더할 수 없는 휴식과 재충전의 시간이 되었다.

참으로 많은 곳을 돌아다녔고, 참으로 많은 사람을 만났다.

한국사람들은 정말 친절하다.

한국 음식은 맵고 짜지만, 식욕을 왕성하게 해준다.

덕분에 5킬로나 체중이 늘었다.

특히, 신촌에서 먹은 순대와 소주는 정말 맛이 있었다.

마포 돼지갈비 맛도 잊을 수 없다.

다시 또 시간을 내어 이곳에서 지내고 싶다.

일본으로 돌아가면 다시 열심히 일해야지.

韓国滞在の最後の夜、亜美は日記を書きました。会話体と書きことばはどう違うのか、読んで比べてみましょう。

日本語訳

9月30日
韓国に来てから早くも3か月が過ぎてしまった。
時間の流れが本当に速い。
会社に休暇届を出し、訪ねてきた韓国での3か月間、
わたしにはまたとない休息と充電の時間となった。

本当にたくさんのところを歩き、たくさんの人に出会った。
韓国の人たちは本当に親切だ。

韓国の食べ物は、辛くてしょっぱいけれども、食欲旺盛になる。
お陰で5キロも体重が増えた。
特に、シンチョンで食べたスンデと焼酎は、本当においしかった。
マポの豚のカルビの味は忘れられない。

また、時間を作り、こちらで過ごしたい。
日本に戻ったら頑張って仕事をしよう。

単語とフレーズ

韓国語	日本語	韓国語	日本語
～지	～してから	체중	体重
벌써	すでに／もう	늘었다	増えた
빠르다	早い／速い	소주	焼酎
더할 수 없는	またとない	돼지	豚
휴식	休息	다시 또	もう一度
재충전	（再）充電	시간을 내어	時間を作って
참으로	本当に	돌아가다	戻る
친절하다	親切だ	일하다	仕事をする
왕성하게	旺盛に	～야지	～なくちゃ／～しよう（文末表現）
덕분에	お陰で		

第4章 文章を書く

書きことばと話しことば

　本書では、これまで自然な話しことばを中心に内容を展開してきましたが、本課で取り上げているのは、いわゆる「だ体」の日記文です。敬語は、相手がいてはじめて使うもので、日記を敬語で書く人はいないでしょう。つまり、本課の文体は、書きことばでありながら、これは、このまま敬語抜き（親しい友だちや、目下の人に対して使う）の話しことばとしても応用できるのです。

　もし、「常体（である／だ）」でない、「敬体（です／ます）」で文を書く場合は、文末をㅂ니다／습니다や、아요／어요にかえます。

名詞／形容詞／動詞

　これまで、この本の例文を「です・ます体」、中でも아요／어요で終わる文型を中心に取り上げてきましたが、各表現の本来の形、つまり、それぞれの表現の基本形と、敬語抜きの文末の終止形について整理しておきましょう。

日本語	基本形	連体形	終止形
名詞＋だ	～(이)다 (イダ)	～인～ (イン)	～(이)다（現在）(イダ)
		였던～／였던～／이던～ (オットン／ヨットン／イドン)	～이었다／였다（過去）(イオッタ／ヨッタ)
		일～ (イル)	～(이)겠다（未来／推量）(イゲッタ)
形容詞「～い」	～다 (ダ)	은(ㄴ)～ (ウン／ン)	～다（現在）(ダ)
		았(었)던～／던～ (アッ／オットン／ドン)	～았(었)다（過去）(アッ／オッタ)
		을(ㄹ)～ (ウル／ル)	～겠다（未来／推量）(ゲッタ)
動詞	～다 (ダ)	는～ (ヌン)	는(ㄴ)다（現在）(ヌン／ンダ)
		은(ㄴ)～ (ウン／ン)	～았(었)다（過去）(アッ／オッタ)
		을(ㄹ)～ (ウル／ル)	～겠다（未来／推量）(ゲッタ)

※ 表内の終止形は、そのまま書きことばの文末表現として使えます。

書きことばとしての終止形

以下、これまで出てきたそれぞれの表現の、書きことばとしての終止形を紹介します。

名詞には、오빠（お兄さん）、동생（弟／妹）を、動詞には가다、먹다を、形容詞には좋다、싫다（好き／嫌い）をつけて整理してみます。

（오빠 / 동생）	오빠다 / 동생이다	（断定）
	오빠였다 / 동생이었다	（過去）
	오빠겠다 / 동생이겠다	（推量）
（좋다 / 싫다）	좋다 / 싫다	（現在終止形）
	좋았다 / 싫었다	（過去終止形）
	좋겠다 / 싫겠다	（推量の終止形）
（가다 / 먹다）	간다 / 먹는다	（現在終止形）
	갔다 / 먹었다	（過去終止形）
	가겠다 / 먹겠다	（未来／推量／意志の終止形）
	가야 한다 / 먹어야 한다	（義務）
	갈 수 있다 / 먹을 수 있다	（可能）
	갈 수 없다 / 먹을 수 없다	（可能の否定）
	가고 있다 / 먹고 있다	（進行）
	가게 하다 / 먹게 하다	（使役）
	가시다 / 먹으시다(→드시다)	（語彙の敬語化）
	가지 않다 / 먹지 않다	（否定）
	가지 말다 / 먹지 말다	（禁止）
	가고 싶다 / 먹고 싶다	（希望）

第4章 文章を書く

第2課 手紙を送る

정현씨 안녕하세요?

가을이 깊어가고 있네요.

정현씨와 함께 걸었던 남산에도 가을이 찾아왔겠지요?

서울에서 지내는 동안 여러가지로 보살펴 주셔서

정말 고마웠어요.

겨울 휴가 때 시간을 낼 수 있으면

다시 서울에 갈 생각입니다.

그 때 또 만나뵐 수 있으면 좋겠네요.

그럼, 건강하시기 바라며,

가족여러분께도 안부 전해 주세요.

안녕히 계세요.

韓国語の手紙には、最初と最後に「안녕하세요?」「안녕히 계세요.」のような、あいさつを必ず入れましょう。

日本語訳

チョンヒョンさん、お元気ですか？
秋が深まっていますね。
チョンヒョンさんといっしょに歩いた南山にも秋が訪れていることでしょうね？
ソウルにいる間、いろいろとお世話になり、
本当にありがとうございました。
冬に時間が取れたら、
またソウルへ行こうと思っています。
そのとき、またお会いできればと思います。
では、お元気でお過ごしください。
家族のみなさんにもよろしくお伝えください。
ではまた。

単語とフレーズ

가을	秋
함께	いっしょに／ともに
보살펴	面倒をみて／世話をして（→보살피다）
정말	本当に
겨울	冬
가족	家族
여러분	みなさん
안부 전해 주세요	よろしく伝えてください

第4章　文章を書く

手紙の書き方

　私的に出す韓国語の手紙では、書き方の決まりや、決まり文句といったものはありません。最初と最後に、きちんと「안녕하세요?」（お元気ですか？）「안녕히 계세요」（ではまた）といった、あいさつのことばが入っていれば、後は言いたいことをどんどん書いていっても大丈夫です。

手紙でよく使われる表現

ご家族の皆さん（に）もよろしくお伝えください。	가족 여러분께(에게)도 안부 전해주세요. カジョン ニョロブンケ エゲ ド アンブ ジョネジュセヨ
暑い日々が続いています。	더운 날씨가 계속되고 있습니다. トウン ナルシガ ケソクトウェゴ イッスムニダ
だんだん肌寒くなってきました。	날씨가 점점 추워지고 있습니다. ナルシガ チョムジョム チュウォジゴ イッスムニダ
お体にお気をつけください。	건강에 주의하시기 바랍니다. コンガンエ ジュイハシギ バラムニダ
写真を同封しました。	사진을 동봉했습니다. サジヌル トンボンヘッスムニダ
いろいろとお世話になりました。	여러가지로 신세 많이 졌습니다. ヨロガジロ シンセ マニ ジョッスムニダ
面倒をみてくださってありがとうございました。	보살펴 주셔서 감사합니다. ポサルピョ ジュショソ カムサハムニダ
またお手紙出します。	또 편지 드리겠습니다. ト ピョンジ トゥリゲッスムニダ
日本にいらっしゃったらご連絡ください。	일본에 오시면 연락 주세요. イルボネ オシミョン ヨルラク チュセヨ
お手紙確かに受け取りました。	편지 잘 받았습니다. ピョンジ チャル パダッスムニダ

封筒を書く

　封筒の書き方は、日本で手紙を出すときとほぼ同じです。宛名も同様で郵便番号、国名、市区町村名、住所、名前の順に書きます。

宛名の書き方

```
우편번호 XXX-XXX
대한민국
서울특별시　종로구　종로2가　59-XXX

김　정현 귀하


                    〒123-○○○○
                    日本国東京都千代田区丸ノ内○-○-○
AIR MAIL            吉田亜美
```

日本語訳

```
郵便番号 XXX-XXX
大韓民国
ソウル特別市鍾路区鍾路2街　59-XXX

金　正賢様


                    〒123-○○○○
                    日本国東京都千代田区丸ノ内○-○-○
AIR MAIL            吉田亜美
```

第4章　文章を書く

第3課 はがきを送る

■ はがき① (お礼状)

안녕하세요?
제가 한국에 있는 동안, 여러가지로 많이 보살펴 주신 것 정말 진심으로 감사드립니다.
이 은혜는 꼭 잊지 않겠습니다. 시간이 있을 때 꼭 한번 일본에 놀러 오십시오.
또 편지 드리겠습니다.
안녕히 계세요.

■ はがき② (年賀状)

새해 복 많이 받으세요.
지난 한 해 따뜻하게 보살펴 주셔서 대단히 감사합니다.
새해에도 건강하시고, 뜻하시는 일 모두 성취되시길 기원합니다.
아미 드림.

旅先などでお世話になった方へ、お礼のことばを添えたはがきを送りましょう。

日本語訳

お元気ですか？
わたしの韓国滞在中、いろいろと面倒をみてくださったこと、心から感謝しております。
この恩は決して忘れません。
お時間があるとき、一度必ず日本に遊びに来てください。
またお手紙を書きます。
お元気で、さようなら。

単語とフレーズ

동안	～の間
진심으로	心から
은혜	恩
꼭	必ず／きっと
놀러	遊びに
	（→놀다＋～러）

明けましておめでとうございます。
昨年中は温かいお心遣いいただき、
どうもありがとうございました。
今年もご健康で、
よい年でありますように。
亜美

새해	新年
복	福
지난	過ぎた
한 해	一年
따뜻하게	温かく
뜻하다	志す
성취	成就

クリスマスカード、年賀状

　韓国では、クリスマスカードも年賀状もカード形式のもので、普通どちらか一方を送ります。したがって、クリスマスカードは「よいお年を」という迎春の意味もかねます。共通して欠かせないことばは「새해 복 많이 받으세요.」。文字通り訳せば「新年に福をたくさんもらってください」。つまり、「明けましておめでとう」という意味のほかに、年末に使えば「よいお年を」の意味になります。また、「뜻하시는 일 모두 성취되시길 기원합니다」は直訳すると「お志しになられることが、すべて成就されることを祈願いたします」の意味で、「よい年でありますように」という祈念のフレーズとして使われます。

第4章　文章を書く

第4課 ファックスを送る

■ ホテルの予約

우 123-○○○○　동경도 지요다구 마루노우치○-○-○

요시다 아미

전화(03)1234-○○○○

팩스(03)1234-××××

수신 : 프라자호텔
참조 : 프런트계장님
제목 : 숙박예약

귀사의 노고에 진심으로 감사 드립니다.
지난번 전화로 부탁드린 바와 같이 6월 25일부터 2박 3일
일정으로 예약을 부탁드립니다.

　　숙박자:　　1명 (single room)
　　숙박일자:　6월 25일 ~27일 (2박 3일)
숙박자에 대한 자세한 것은 아래
사항을 참조해 주시기 바랍니다.

　　　　　　　　　아래

우 123-○○○○　동경도 지요다구 마루노우치○-○-○
요시다 아미　　25세(19○○년 9월 1일생)
전화(03)1234-○○○○　　팩스(03)1234-××××
여권번호 : ZY098××××

이상

韓国内での書式を紹介しますが、日本から発信するときは、ふだん使っている和文の書式に、必要な事項のみをハングルで書いてもOKです。

日本語訳

〒123-○○○○ 東京都千代田区丸ノ内○-○-○
　　　　　　　　　　　　　　　　吉田亜美
　　　　　　　　　電話(03)1234-○○○○
　　　　　　　　　ファックス(03)1234-××××

受信：プラザホテル
参照：フロント係長殿
題目：宿泊予約

貴社ますますご清栄のことと存じます。
先日電話でお願いした通り、6月25日から2泊3日で予約をお願いします。
　　宿泊者：　　1名（single room）
　　宿泊日：　　6月25日～27日（2泊3日）
宿泊者に関する詳細な事項は以下をご参照ください。
　　　　　　　　　記
〒123-○○○○ 東京都千代田区丸ノ内○-○-○
吉田亜美25歳（19○○年9月1日生まれ）
電話(03)1234-○○○○
ファックス(03)1234-××××
旅券番号：ZY098××××
　　　　　　　　　　　　　　　　　　以上

単語とフレーズ

수신	受信
참조	参照
제목	題目
귀사	貴社
바와 같이	～たように／～た通り

ビジネスファックスの書き方

　一番上には送信人の住所、氏名(会社名)、電話番号、ファックス番号などを書きます。「수신(受信)」は宛先で、「참조(参照)」は「수신(受信)」欄に会社名を記したときには具体的な部署名や個人名を書きます。「수신(受信)」欄に個人名まで記したとき、2名以上に宛てる場合には、その人の名前を書きます。「제목(題目)」は用件です。
　次に用件の内容を書きますが、たいていは「貴社ますます…」のような決まり文句を最初にもってきて、その後本題に入ります。

第4章　文章を書く

휴게 人見知りと顔見知り

　わたしが日本語をおぼえてからよく間違え、いまだにこんがらかってしまうことばに、「人見知り」と「顔見知り」があります。全然意味の違うことばですが、よくよく考えてみると、「人」を見知るのも、「顔」を見知るのも、たいして違わないような気がしませんか？

　おまけに韓国語では、「人見知り」は「낯을 가리다」、顔見知りは「낯이 익다」と、ともに「낯」＝「顔」という意味のことばを使うので、よけいこんがらかってしまうのです。

　同様に、日韓で似ているようで違う面白い慣用表現を、以下にいくつか紹介しましょう（内は直訳）。

- 발을 끊다（足を切る）　　→　　手を切る（縁を切る）
- 발이 넓다（足が広い）　　→　　顔が広い（知り合いが多い）
- 손이 크다（手が大きい）　→　　気まえがいい
- 손이 작다（手が小さい）　→　　けちだ
- 목이 빠지게 기다리다　　→　　首を長くして待つ
  （首が抜けるほど待つ）
- 귀가 어둡다（耳が暗い）　→　　世情にうとい
- 귀에 못이 박이다　　　　→　　耳にたこができる
  （耳にくぎを打たれる）

付　録

単語と役に立つ表現

ホテル　호텔

役に立つ表現

1泊いくらですか？	하룻밤 얼마예요?
オンドル部屋（ベッド）にしてください。	온돌방(침대방)으로 해 주세요.
貴重品を預かってもらえますか？	귀중품을 보관해 주시겠어요?
クレジットカードで（現金で／トラベラーズチェックで）お願いします。	크레디트카드로(현금으로/여행자수표로) 부탁합니다.
○○○号室のかぎをください。	○○○호실 열쇠 주세요.
今夜、空き部屋はありますか？	오늘 밤 빈 방 있어요?
食事はつきますか？	식사는 나옵니까?
食事は別料金です。	식사는 별도요금입니다.
チェックイン（チェックアウト）をお願いします。	체크인을(체크아웃을) 부탁합니다.
2泊お願いします。	이틀 부탁합니다.
部屋の番号を忘れてしまいました。	방번호를 잊어 버렸어요.
部屋を見せてもらえますか？	방을 볼 수 있어요?
ホテルの住所の入ったカードをください。	호텔 주소가 적힌 카드를 주세요.
前金は必要ですか？	선불인가요?
もう1泊したいのですが。	하룻밤 더 묵고 싶은데요.
ルームサービスは頼めますか？	룸서비스를 부탁할 수 있어요?

単語

室内

エキストラベッド	킹사이즈 베드 (キン サイジュ ベドゥ)
オンドル	온돌 (オンドル)
かぎ	열쇠 (ヨル スェ)
(使い捨て)カミソリ	(일회용) 면도기 (イレヨン ミョンドギ)
くし	빗 (ピッ)
シーツ	시트 (シトゥ)
シャワー	샤워 (シャウォ)
シャンプー	샴푸 (シャンプ)
水道	수도 (スド)
セーフティーボックス	세이프티 박스 (セイプティ バクス)
石けん	비누 (ピヌ)
タオル	타월 (タウォル)
トイレ	화장실 (ファジャンシル)
ドライヤー	드라이어 (トゥライオ)
練り歯みがき	치약 (チヤク)
灰皿	재떨이 (チェットリ)
バスタオル	큰 타월 (クン タウォル)
歯ブラシ	칫솔 (チッソル)
ハンガー	옷걸이 (オッコリ)
ボールペン	볼펜 (ポルペン)
まくら	베개 (ペゲ)
目覚まし(時計)	자명종 (チャミョンジョン)
毛布	담요 (タムニョ)
湯	더운물 (トウンムル)
浴槽	욕조 (ヨクチョ)
リンス	린스 (リンス)
冷蔵庫	냉장고 (ネンジャンゴ)

室外

エレベーター	엘리베이터 (エルリベイト)
階段	계단 (ケダン)
駐車場	주차장 (チュチャジャン)
バー	바 (パ)
売店	매점 (メジョム)
非常口	비상구 (ピサング)
フロント	프런트 (プロントゥ)
レストラン	레스토랑 (レストラン)
ロビー	로비 (ロビ)

部屋の種類

上(下)の階の部屋	윗(아랫)층 방 (ウィッ(アレッ)チュン パン)
静かな部屋	조용한 방 (チョヨン ハン パン)
清潔な部屋	깨끗한 방 (ケクッタン パン)
眺めのよい部屋	전망이 좋은 방 (チョンマンイ チョウン パン)
シングルルーム	싱글 룸 (シングル ルム)
ダブルルーム	더블 룸 (トブル ルム)
ツインルーム	트윈 룸 (トゥウィン ルム)

その他

勘定	계산 (ケサン)
クリーニング	세탁 (セタク)
サービス料	서비스요금 (ソビスヨグム)
宿泊カード	숙박카드 (スクパク カドゥ)
宿泊者名簿	숙박자 명부 (スクパクチャ ミョンブ)
チェックアウト	체크아웃 (チェック アウッ)
チェックイン	체크인 (チェック イン)
別料金	별도요금 (ピョルト ヨグム)
部屋番号	방번호 (パンボノ)
前金	선불 (ソンブル)
モーニングコール	모닝콜 (モニン コル)
予約	예약 (イェヤク)
ルームサービス	룸서비스 (ルム ソビス)

銀行／郵便局／電話　은행/우체국/전화

役に立つ表現

銀行

この小切手を現金にしてください。　　이 수표를 현금으로 바꿔 주세요.

トラベラーズチェックを現金化したいのです。　　여행자수표를 현금으로 바꾸고 싶은데요.

両替してください。　　환전해 주세요.

郵便局

航空便（船便）でお願いします。　　항공편으로(선편으로) 부탁합니다.

この郵便料金はいくらですか？　　이 우편요금은 얼마예요?

350ウォンの切手を5枚お願いします。　　350원짜리 우표를 5장 주세요.

速達（書留）にしてください。　　속달(등기)로 해 주세요.

船便だと何日くらいで届きますか？　　선편으로 며칠정도 걸려요?

電話

もしもし。　　여보세요.

○○と申します。　　○○라고 합니다.

○○さんをお願いします。　　○○씨 좀 부탁합니다.

○○さんは外出中です。　　○○씨는 외출중입니다.

日本語を話せる人はいますか？　　일본말 할 줄 아는 분 계세요?

後で、もう一度かけ直します。　　나중에 다시 걸겠습니다.

単語

銀行

日本語	韓国語 (読み)
ATM	현금 자동 지불기 (ヒョングム チャドン チブルギ)
お金	돈 (トン)
現金	현금 (ヒョングム)
現金小切手	수표 (スピョ)
硬貨	동전 (トンジョン)
口座番号	계좌번호 (ケジュァボノ)
小銭	잔돈 (チャンドン)
サイン	사인 (サイン)
紙幣	지폐 (チペ)
トラベラーズチェック	여행자수표 (ヨヘンジャスピョ)
払い戻し	환불 (ファンブル)
預金	예금 (イェグム)
預金通帳	예금통장 (イェグムトンジャン)
利息	이자 (イジャ)
両替所	환전하는 곳 (ファンジョナヌン ゴッ)
レート	환율 (ファンニュル)
韓国ウォン	한화 (ハヌァ)
日本円	일화 (イルァ)
米ドル	미화 (ミファ)

郵便局

日本語	韓国語 (読み)
受取人	받는 사람 (パンヌン サラム)
書留	등기 (トゥンギ)
ガムテープ	검 테이프 (コム テイプ)
切手	우표 (ウピョ)
航空便	항공편 (ハンゴンピョン)
小包	소포 (ソポ)
差出人	보내는 사람 (ポネヌン サラム)
速達	속달 (ソクタル)
手紙	편지 (ピョンジ)
のり	풀 (プル)
はがき	엽서 (ヨプソ)
箱	상자 (サンジャ)
ひも	줄 (チュル)
便箋	편지지 (ピョンジジ)
封筒	봉투 (ポントゥ)
船便	선편 (ソンピョン)
ポスト	우체통 (ウチェトン)

通信

日本語	韓国語 (読み)
Eメール	전자 우편 (チョンジャ ウピョン)
国番号	국가 번호 (クッカ ボノ)
携帯電話	휴대폰 (ヒュデポン)
交換手	교환 (キョファン)
公衆電話	공중 전화 (コンジュン ジョヌァ)
国際電話	국제전화 (クッチェジョヌァ)
コレクトコール	컬렉트콜 (コルレクトゥコル)
市外局番	시외 국번 (シウェ ククポン)
市外通話	시외 통화 (シウェ トンファ)
市内通話	시내 통화 (シネ トンファ)
先方の番号	상대방 전화번호 (サンデバン チョヌァボノ)
長距離電話	장거리전화 (チャンゴリジョヌァ)
通話時間	통화시간 (トンファシガン)
テレホンカード	전화 카드 (チョヌァ カドゥ)
電話機	전화기 (チョヌァギ)
電話帳	전화번호부 (チョヌァボノブ)
電話ボックス	공중 전화 박스 (コンジュン ジョヌァ パス)
番号案内	전화번호 안내 (チョヌァボノ アンネ)
ファックス	팩시밀리 (ペクシミルリ)

付録 単語と役に立つ表現

買い物　쇼핑

役に立つ表現

あれ（これ）を見せてください。	저것(이것) 좀 보여 주세요.
いくらですか？	얼마예요?
おみやげ用に包んでください。	선물용으로 싸 주세요.
これをください。	이것을 주세요.
試着してもいいですか？	입어 봐도 돼요?
素材は何ですか？	소재가 뭐예요?
高いです。まけてください。	비싸요. 좀 깎아 주세요.
ちょっと見ているだけです。	그냥 보고 있을 뿐이에요.
（履物を）履いてみてもいいですか？	신어 봐도 돼요?
2つ買うからもう少しまけてください。	2개 살테니까 좀더 깎아 주세요.
他のを見せてください。	다른 것을 보여 주세요.
もっと小さい（大きい）サイズはありませんか？	더 작은(큰) 사이즈 있어요?

単語

衣料品

韓国服	한복	ジーパン	청바지	スカート	치마
靴	구두	下着	속옷	スーツ	양복
靴下	양말	ジャンパー	점퍼	ズボン	바지
		紳士服	신사복	長袖	긴소매

ネクタイ	넥타이	ウール	울	黄	노란색
半袖	반소매	絹	견	グレー	회색
婦人服	부인복	毛皮	모피	黒	검정색
ブラウス	블라우스	スウェード	스웨이드	紺	감색
ワイシャツ	와이셔츠	ナイロン	나일론	白	하얀색

装飾品／化粧品

ポリエステル	폴리에스텔	茶	갈색
アクセサリー	액세서리	綿	면	ピンク	분홍색
イヤリング	귀걸이			紫	보라색

形容詞／副詞

その他

腕時計	손목시계	厚い	두껍다	紙袋	종이 봉투
カバン	가방	薄い	얇다	柄	무늬
口紅	립스틱	大きい	크다	CD	시디
化粧品	화장품	濃い	짙다	たばこ	담배
香水	향수	高級な	고급스러운	デザイン	디자인
ハンドバッグ	핸드백	地味な	수수한	デパート	백화점
ブレスレット	팔찌	小さい	작다	店員	점원
ベルト	벨트	派手な	화려한	ブランド	브랜드
帽子	모자	流行の	유행하는	文房具	문방구
宝石	보석	**色**		本	책
指輪	반지	赤	빨간색	本日休業	금일 휴업

素材

青	파란색	領収証	영수증
麻	마	オレンジ	오렌지색		

付録　単語と役に立つ表現

191

交通／乗り物　교통수단

役に立つ表現

一番近い地下鉄の駅はどこですか？	가장 가까운 지하철역이 어디지요?
ここ（次）で降ります。	여기서(다음에) 내려요.
ここで止めてください。	여기서 세워 주세요.
[住所を見せて] ここに行ってください。	여기까지 부탁합니다.
ソウル、釜山間の往復（片道）切符を2枚ください。	서울 - 부산 왕복(편도)표를 2장 주세요.
タクシー乗り場はどこですか？	택시 타는 곳이 어디에요?
タクシーを呼んでください。	택시를 불러 주세요.
チケット売り場はどこですか？	매표소가 어디지요?
次の交差点で止めてください。	다음 교차로에서 세워 주세요.
搭乗ゲートは何番ですか？	탑승게이트는 몇 번이에요?
どこで乗り換えるのですか？	어디서 갈아타지요?
どれくらいの時間がかかりますか？	얼마 정도 시간이 걸려요?
乗り換えが必要ですか？	갈아타야 되나요?
日帰りできますか？	당일내에 갔다올 수 있어요?
フライトの予約をお願いします。	비행기 예약을 부탁합니다.
窓側（通路側）の席をお願いします。	창문쪽(통로쪽) 자리로 부탁합니다.

単語

飛行機

エコノミークラス	이코노미 클래스	イコノミ クルレス
救命胴衣	구명동의	クミョンドンイ
検疫	검역	コミョク
航空券	항공권	ハンゴンクォン
出国カード	출국카드	チュルグク カドゥ
スーツケース	슈트케이스	シュトゥ ケイス
税関	세관	セグァン
接続便	접속편	チョプソクピョン
着陸時間	착륙시간	チャンニュクシ ガン
手荷物	수화물	スファムル
搭乗ゲート	탑승게이트	タプスン ゲイトゥ
搭乗時間	탑승시간	タプスン シガン
入国カード	입국카드	イプクク カドゥ
入国審査	입국심사	イプクク シムサ
ビジネスクラス	비즈니스 클래스	ビジュニス クルレス
ファーストクラス	퍼스트 클래스	ポストゥ クルレス
免税	면세	ミョンセ
リコンファーム	재확인	チェ ファギン
離陸時間	이륙시간	イリュク シガン

列車

運賃	운임	ウニム
駅	역	ヨク
往復切符	왕복표	ワン ボク ピョ
改札口	개찰구	ケ チャル グ
片道切符	편도표	ピョンド ピョ
キオスク	매점	メジョム
喫煙席	흡연석	フ ビョンソク
切符売り場	매표소	メピョソ
禁煙席	금연석	ク ミョンソク
地下鉄	지하철	チ ハチョル
鉄道	철도	チョルト
プラットホーム	승강장	スン ガンジャン

バス・タクシー

運転手	운전기사	ウンジョン キ サ
観光バス	관광버스	クァングァンボ ス
空車	빈차	ピン チャ
タクシー乗り場	택시타는곳	テクシ タ ヌン ゴッ
トランク	트렁크	トゥ ロン ク
バスターミナル	버스터미널	ポス トミノル

その他

横断歩道	횡단보도	フェンダン ボド
オートバイ	오토바이	オトバイ
ガソリンスタンド	주유소	チュユソ
キャンセル待ち	캔슬대기	ケンスルデギ
交差点	교차로	キョチャロ
高速道路	고속도로	コソクトロ
自転車	자전거	チャジョンゴ
自動車	자동차	チャドンチャ
渋滞	정체	チョンチェ
信号	신호등	シノドゥン
フェリー	페리	ペリ
船	배	ペ
歩道	보도	ポド
待合室	대합실	テハプシル
満席	만석	マンソク
港	항구	ハング
料金	요금	ヨグム
レンタカー	렌터카	レントカ
路線図	노선도	ノソンド

付録　単語と役に立つ表現

193

観光 관광

役に立つ表現

1日（半日）のツアーはありますか？	당일(한나절) 투어 있어요?
大人2枚（子供1枚）ください。	어른 2장(어린이 1장) 주세요.
観光案内所はどこですか？	관광안내소가 어디에요?
観光地図をください。	관광지도를 주세요.
観光ツアーのパンフレットはありますか？	관광 투어에 관한 팜플렛 있어요?
距離はどれくらいですか？	거리가 얼마나 됩니까?
(地図を見せて)現在位置を教えてください。	현재위치를 가르쳐 주세요.
ここで入場券が買えますか？	여기서 입장권을 살 수 있어요?
ここは何という通りですか？	여기가 뭐라고 부르는 거리에요?
こっちのほうですか？	이쪽이에요?
この近くに公衆電話はありますか？	이 근처에 공중전화가 있어요?
この近くに公衆トイレはありますか？	이 근처에 화장실이 있어요?
この通りを行けば郵便局に出ますか？	이 길로 가면 우체국이 나오나요?
市内を一望できる場所はどこですか？	시내를 바라볼 수 있는 곳이 어디지요?
どっちですか？	어느쪽이에요?
どれくらい時間がかかりますか？	시간이 얼마나 걸려요?
どれくらいの距離ですか？	거리가 어느정도에요?
何か目印はありますか？	뭔가목표물이될만한 게 있어요?
バスの路線図はありますか？	버스 노선도 있어요?

美術館の休館日はいつですか？	미술관 휴관일이 언제예요?
左側ですか、右側ですか？	왼쪽이에요, 오른쪽이에요?
まっすぐに行くのですか？	똑 바로 가나요?
道に迷ってしまいました。	길을 잃어 버렸어요.
遊覧船の乗り場はどこですか？	유람선 타는 곳이 어디지요?

単語

入口	입구	チケット	티켓	予約	예약
開館時刻	개관시간	ツアー料金	투어요금	旅行代理店	여행대리점
ガイド料	가이드요금	庭園	정원	最初の角	첫 번째 모퉁이
カメラ	카메라	出口	출구		
仮面劇	가면극	寺	절	〜の裏	〜뒤
看板	간판	当日券	당일권	〜の正面	〜정면
劇場	극장	入場券	입장권	〜の隣	〜옆
公園	공원	博物館	박물관	まっすぐ	똑 바로
国楽	국악	美術館	미술관	右（左）手に	오른쪽으로 （왼쪽으로）
個人	개인	プログラム	프로그램		
コンサート	콘서트	閉館時刻	폐관시간	右（左）に曲がる	오른쪽으로 （왼쪽으로） 돌아가다
撮影禁止	촬영금지	前売券	예매권		
指定席	지정석	無料	무료		
植物園	식물원				
立入禁止	출입금지				
団体	단체				

トラブルに対処する 트러블에 대처한다

役に立つ表現

| 遺失物係はどこですか。 | 분실물 취급소가 어디예요? |

救急車を呼んでください。　　　구급차를 불러 주세요.

警察に連絡してください。　　　경찰에 연락해 주세요.

警察を呼んでください。　　　경찰을 불러 주세요.

現金が30万円、トラベラーズチェック、　　　현금이 300,000 엔, 여행자수표,
それにクレジットカードが入っています。　　그리고 신용카드가 들어 있어요.

財布を盗まれました。　　　지갑을 도난당했어요.

時間がないから急いでください。　　　시간이 없으니까 서둘러 주세요.

電車の棚の上にカバンを置き忘れました。　　전철 선반 위에 가방을 두고 내렸어요.

盗難証明書をください。　　　도난증명서를 발급해 주세요.

飛行機の座席のポケットにパスポートを　　비행기 좌석 포켓속에 여권을
置き忘れました。　　　　　　　　　두고 내렸어요.

病院に連れていってください。　　　병원에 데려다 주세요.

列車に乗り遅れました。　　　열차를 놓쳐 버렸어요.

泥棒！　　　도둑이야!

捕まえて！　　　잡아라!

開けてください！　　　열어 주세요!

日本大使館はどこですか？　　　일본대사관이 어디예요?

エンジンがかかりません。　　　엔진이 걸리지 않아요.

再発行してください。　　　재발행해 주세요.
　　　　　　　　　　　　　　チェ バレンヘ　ジュ セヨ

荷物を置引されました。　　여기 둔 짐을 가로채갔어요.
　　　　　　　　　　　　　ヨギ ドゥン チムル カロチェガッソヨ

どこでなくしたかわかりません。　어디서 잃어버렸는지 모르겠어요.
　　　　　　　　　　　　　　　　　オディソ　イロ ボリョンヌンジ　モル ゲッソヨ

単語

遺失物	분실물 (プンシルムル)	修理	수리 (スリ)	被害	피해 (ピヘ)
違反	위반 (ウィバン)	証明写真	증명사진 (チュンミョンサジン)	ひったくり	날치기 (ナルチギ)
貴重品	귀중품 (クィジュンプム)	申告	신고 (シンゴ)	紛失	분실 (プンシル)
クレジットカード	신용카드 (シニョンカドゥ)	すり	소매치기 (ソメチギ)	返金	환불 (ファンブル)
警察	경찰 (キョンチャル)	盗難	도난 (トナン)	返品	반품 (パンプム)
計算	계산 (ケサン)	盗難届	도난신고 (トナンシンゴ)	保険	보험 (ポホム)
交通事故	교통사고 (キョトンサゴ)	泥棒	도둑 (トドゥク)	身分証明書	신분증명서 (シンブンジュンミョンソ)
強盗	강도 (カンド)	日本大使館	일본대사관 (イルボンテサグァン)	免許証	면허증 (ミョノチュン)
故障	고장 (コジャン)	パスポート	여권 (ヨックォン)	料金	요금 (ヨグム)
再発行	재발행 (チェバレン)	罰金	벌금 (ポルグム)	連絡先	연락처 (ヨルラクチョ)
財布	지갑 (チガプ)	払い戻し	환불 (ファンブル)	忘れ物	분실물 (プンシルムル)

病院(病状を訴える) 병원(증상을 호소한다)

役に立つ表現

歩けません。	걸을 수가 없어요.
胃がもたれた感じです。	체했나봐요.
医師に診察してもらいたいのです。	의사선생님한테 진찰을 받고 싶은데요.
医師(救急車)を呼んでください。	의사(구급차)를 불러 주세요.
かぜをひきました。	감기에 걸렸어요.
緊急です。	급해요.
具合が悪くなりました。	몸이 안 좋아요.
薬をください。	약을 주세요.
ケガをしました。	다쳤어요.
下痢です。	설사를 해요.
ここが痛みます。	여기가 아파요.
寒気がします。	오한이 납니다.
頭痛がします。	머리가 아파요.
できるだけ早くお願いします。	되도록 빨리 해 주세요.
動悸がします。	가슴이 두근거려요.
日本語のわかる医師はいますか?	일본말을 아는 의사선생님 계세요?
熱っぽいのです。	열이 있는 것 같아요.
のどがはれています。	목이 부었어요.
吐き気がします。	토할 것 같아요.

激しい腹痛がします。	배가 굉장히 아파요.
鼻水が止まりません。	콧물이 멈추지 않아요.
ひどく咳き込みます。	기침이 많이 납니다.
ひどく歯が痛みます。	이가 굉장히 아파요.
病院に連れていってください。	병원에 데려다 주세요.
病院を紹介してください。	병원을 소개해 주세요.
めまいがします。	현기증이 나요.
横にならせてください。	눕게 해 주세요.

単語

体の部位

脚	다리
頭	머리
胃	위
腕	팔
肩	어깨
腰	허리
背中	등
のど	목
鼻	코
腹部	복부
耳	귀
目	눈

病状

アレルギー	알레르기
高血圧	고혈압
消化不良	소화불량
食あたり	식중독
心臓病	심장병
腎臓病	신장병
じんましん	두드러기
ぜんそく	천식
打撲	타박
低血圧	저혈압
糖尿病	당뇨병
盲腸炎	맹장염

その他

医者	의사
胃腸薬	위장약
血液型	혈액형
かぜ薬	감기약
薬	약
解熱剤	해열제
湿布	파스
持病	지병
処方箋	처방전
診断書	진단서
病院	병원
薬局	약국

付録 単語と役に立つ表現

食事／食べ物　식사 / 음식물

役に立つ表現

歩いていけますか？	걸어 갈 수 있어요?
いらっしゃいませ。	어서 오세요.
お水をください。	물 좀 주세요.
軽い食事をしたいのです。	가벼운 식사를 하고 싶은데요.
今晩、席を予約したいのです。	오늘 밤 예약하고 싶은데요.
30分ほどで空くと思います。	30분 정도 기다리시면 자리가 날 거예요.
静かな奥の席をお願いします。	조용한 안쪽 자리로 부탁합니다.
醤油はありますか？	간장 있어요?
手ごろな値段でおいしい店はご存じですか？	싸고 맛있게 하는 가게 아세요?
では、待ちます。	그러면 기다리겠어요.
とてもおいしいです。	아주 맛있어요.
どのくらい待ちますか？	어느정도 기다려야 돼요?
何時から開いていますか？	영업시간이 몇시부터예요?
何名様ですか？	몇 분이세요?
8時に予約している者です。	8시에 예약한 사람입니다.
予約は必要ですか？	예약이 필요해요?

単 語

食べ物・飲み物

日本語	韓国語 (読み)
うどん	우동 (ウドン)
粥	죽 (チュク)
キムチ	김치 (キムチ)
ご飯	밥 (パプ)
ナムル	나물 (ナムル)
パン	빵 (パン)
ビビンパ	비빔밥 (ピビンパプ)
餅	떡 (トク)
焼肉	불고기 (プルゴギ) / (갈비) (カルビ)
ウイスキー	위스키 (ウィスキ)
紅茶	홍차 (ホンチャ)
氷	얼음 (オルム)
コーヒー	커피 (コピ)
ジュース	주스 (チュス)
焼酎	소주 (ソジュ)
土地の酒	민속주 (ミンソクチュ)
どぶろく	막걸리 (マッコルリ)
濁り酒	동동주 (トンドンジュ)
日本酒	정종 (チョンジョン)
ビール	맥주 (メクチュ)
ミネラルウォーター	생수 (センス)
麦茶	보리차 (ポリチャ)
柚子茶	유자차 (ユジャチャ)
緑茶	녹차 (ノクチャ)
ワイン	와인 (ワイン)

調理の種類

日本語	韓国語 (読み)
揚げ物	튀김 (ティギム)
炒め物	볶음 (ポックム)
刺身	회 (フェ)
汁物	국물 (クンムル)
スープ類	스프 (スプ)
つまみ	안주 (アンジュ)
鍋物	찌개 (チゲ)
蒸し物	찜 (チム)
麺類	국수 (ククス)
焼き物	구이 (クイ)

食器

日本語	韓国語 (読み)
おしぼり	물수건 (ムルスゴン)
皿	접시 (チョプシ)
コップ	컵 (コプ)
スプーン	숟가락 (スッカラク)
箸	젓가락 (チョッカラク)

野菜・果実

日本語	韓国語 (読み)
カキ	감 (カム)
キュウリ	오이 (オイ)
高麗ニンジン	인삼 (インサム)
ゴマ	깨 (ケ)
サンチュ	상추 (サンチュ)
ゼンマイ	고비 (コビ)
ダイコン	무 (ム)
タマネギ	양파 (ヤンパ)
トウガラシ	고추 (コチュ)
ナシ	배 (ペ)
ナツメ	대추 (テチュ)
ニラ	부추 (プチュ)
ニンジン	당근 (タングン)
ニンニク	마늘 (マヌル)
ネギ	파 (パ)
ノリ	김 (キム)
ハクサイ	배추 (ペチュ)
松の実	잣 (チャッ)

モヤシ	콩나물	コンナムル
リンゴ	사과	サグァ
ワラビ	고사리	コサリ

肉・魚・その他

アワビ	전복	チョンポク
イカ	오징어	オジンオ
イシモチ	조기	チョギ
ウナギ	뱀장어	ペムチャンオ
エビ	새우	セウ
カキ	굴	クル
牛肉	쇠고기	スェゴギ
コイ	잉어	インオ
サバ	고등어	コドゥンオ
サンマ	꽁치	コンチ
タコ	낙지	ナクチ
タチウオ	갈치	カルチ
卵	달걀	タルギャル
豆腐	두부	トゥブ
鶏肉	닭고기	タッコギ
ヒラメ	넙치	ノプチ
豚肉	돼지고기	トゥェジゴギ
マグロ	다랑어	タランオ

味・調味料

カラシ	겨자	キョジャ
コショウ	후춧가루	フチュッカル
コチュジャン	고추장	コチュジャン
ごま油	참기름	チャムギルム
砂糖	설탕	ソルタン
塩	소금	ソグム
醤油	간장	カンジャン
酢	식초	シクチョ
味噌	된장	トゥェンジャン
脂っこい	기름끼 있다	キルムキ イッタ
甘い	달다	タルダ
辛い	맵다	メプタ
さっぱりしている	산뜻하다	サントゥッタダ
しょっぱい	짜다	チャダ
すっぱい	시다	シダ
苦い	쓰다	スダ

その他

おいしい	맛있다	マシッタ
乾杯	건배	コンベ
朝食	아침식사	アチムシクサ
昼食	점심식사	チョムシムシクサ
夕食	저녁식사	チョニョクシクサ
おやつ	간식	カンシク
1人前	1인분	イリンブン
営業時間	영업시간	ヨンオプシガン
注文する	주문하다	チュムナダ
取り替える	교환하다	キョファナダ
予約する	예약하다	イェヤッカダ
韓国料理	한국요리	ハングンニョリ
韓定食	한정식	ハンジョンシク
中国料理	중국요리	チュングンニョリ
日本料理	일본요리	イルボンニョリ
名物料理	명물요리	ミョンムルリョリ
メニュー	메뉴	メニュ
食堂	식당	シクタン
屋台	포장마차	ポジャンマチャ
レストラン	레스토랑	レストラン

国名／地名 국가명 / 지명
クッカ ミョン　チ ミョン

国名

インド	인도	インド
インドネシア	인도네시아	インドネシア
シンガポール	싱가포르	シンガポル
タイ	타이	タイ
大韓民国	대한민국	テハンミングク
中華人民共和国	중국	チュングク
朝鮮民主主義人民共和国	북한	ブッカン
日本	일본	イルボン
フィリピン	필리핀	ピルリピン
ベトナム	베트남	ベトゥナム
マレーシア	말레이시아	マルレイシア
アメリカ	미국	ミグク
イギリス	영국	ヨングク
イタリア	이탈리아	イタルリア
オーストラリア	오스트레일리아	オストゥレイルリア
ドイツ	독일	トギル
ブラジル	브라질	ブラジル
フランス	프랑스	プランス
ロシア	러시아	ロシア

韓国の地名

ソウル	서울	ソウル
京畿道	경기도	キョンギド
江原道	강원도	カンウォンド
忠清北道	충청북도	チュンチョンプクト
忠清南道	충청남도	チュンチョンナムド
慶尚北道	경상북도	キョンサンプクト
慶尚南道	경상남도	キョンサンナムド
全羅北道	전라북도	チョルラプクト
全羅南道	전라남도	チョルラナムド
濟州道	제주도	チェジュド
釜山	부산	プサン
大邱	대구	テグ
光州	광주	クァンジュ
大田	대전	テジョン
仁川	인천	インチョン
慶州	경주	キョンジュ
扶余	부여	プヨ
雪岳山	설악산	ソラクサン
板門店	판문점	パンムンジョム
金浦空港	김포공항	キンポコンハン

日本の地名

大阪	오사카	オサカ
九州	규슈	キュシュ
京都	교토	キョト
神戸	고베	コベ
東京	도쿄(동경)	トキョ　トンギョン
長崎	나가사키	ナガサキ
奈良	나라	ナラ
広島	히로시마	ヒロシマ
北海道	홋카이도	ホッカイド

時／季節／祝祭日　시간 / 계절 / 경축일
シガン　ケジョル　キョンチュギル

時・季節

時間	시간	シガン
時	시	シ
分	분	プン
秒	초	チョ
一昨日	그저께	クジョッケ
昨日	어제	オジェ
今日	오늘	オヌル
明日	내일	ネイル
明後日	모레	モレ
先月	지난달	チナンダル
今月	이달	イダル
来月	다음달	タウムタル
昨年	작년	チャンニョン
今年	올해	オレ
来年	내년	ネニョン
現在	현재	ヒョンジェ
過去	과거	クァゴ
未来	미래	ミレ
朝	아침	アチム
昼	낮	ナッ
夕方	저녁	チョニョク
夜	밤	パム
季節	계절	ケジョル
春	봄	ポム
夏	여름	ヨルム
秋	가을	カウル
冬	겨울	キョウル

韓国の主な祝祭日・年中行事

1月1日	元日	설날	ソルラル
旧暦1月1日	旧正月	구정	クジョン
3月1日	3・1節	3.1절	サミルジョル
4月5日	植樹の日	식목일	シンモギル
旧暦4月8日	釈迦誕生日	석가탄신일	ソッカタンシニル
5月5日	こどもの日	어린이날	オリニナル
6月6日	顕忠日（国土防衛に命を捧げた人の忠烈を祈念する日）	현충일	ヒョンチュンイル
7月17日	制憲節（憲法記念日）	제헌절	チェホンジョル
8月15日	光復節（解放記念日）	광복절	クァンボクチョル
旧暦8月15日	秋夕（お盆）	추석	チュソク
10月3日	開天節（建国記念日）	개천절	ケチョンジョル
12月25日	クリスマス	성탄절	ソンタンジョル

その他

結婚記念日	결혼기념일	キョロンキニョミル
誕生日	생일	センイル
夏休み	여름방학 (여름휴가)	ヨルムパンハク (ヨルムヒュガ)
冬休み	겨울방학 (겨울휴가)	キョウルパンハク (キョウルヒュガ)
入学式	입학식	イパクシク
卒業式	졸업식	チョロプシク

自然／地理　자연 / 지리
チャ ヨン　チ リ

天候

暖かい	따뜻하다 タトゥッタダ
暑い	덥다 トプタ
寒い	춥다 チュプタ
涼しい	시원하다 シウォナダ
雨	비 ピ
風	바람 パラム
雷	천둥 チョンドゥン
雲	구름 クルム
曇り	흐림 フリム
霧	안개 アンゲ
台風	태풍 テプン
竜巻	회오리바람 フェオリパラム
梅雨	장마 チャンマ
虹	무지개 ムジゲ
晴れ	맑음 マルグム
ひょう	우박 ウバク
吹雪	눈보라 ヌンボラ
雪	눈 ヌン
みぞれ	진눈깨비 チンヌンケビ

夕焼け	저녁노을 チョニョンノウル
気温	기온 キオン
湿度	습도 スプト
地震	지진 チジン
天気予報	일기예보 イルギイェボ
零下	영하 ヨンハ

天文

宇宙	우주 ウジュ
空気	공기 コンギ
空	하늘 ハヌル
太陽	태양(해) テヤン ヘ
地球	지구 チグ
月	달 タル
星	별 ピョル

地理

池	연못 ヨンモッ
海	바다 パダ
丘	언덕 オンドク
火山	화산 ファサン
川	강 カン
高原	고원 コウォン
砂漠	사막 サマク
草原	초원 チョウォン
大陸	대륙 テリュク
滝	폭포 ポクポ
谷	계곡 ケゴク
土地	토지 トジ
半島	반도 パンド
平野	평야 ピョンヤ
湖	호수 ホス
森	숲 スプ
山	산 サン

付録　単語と役に立つ表現

動物／植物 동물/식물
トン ムル　シン ムル

動物

アヒル	오리	オ リ
犬	개	ケ
イノシシ	멧돼지	メットウェ ジ
ウサギ	토끼	トッ キ
牛	소	ソ
馬	말	マル
カエル	개구리	ケ グ リ
カラス	까마귀	カ マ グィ
キツネ	여우	ヨ ウ
キリン	기린	キ リン
クマ	곰	コム
サル	원숭이	ウォンスン イ
スズメ	참새	チャム セ
象	코끼리	コッ キ リ
ツバメ	제비	チェ ビ
トラ	호랑이	ホ ラン イ
鳥	새	セ
鶏	닭	タク
猫	고양이	コ ヤン イ
ネズミ	쥐	チュイ
ハト	비둘기	ピ ドゥル ギ
豚	돼지	トゥェ ジ
羊	양	ヤン
蛇	뱀	ペム
ヤギ	염소	ヨム ソ
ライオン	사자	サ ジャ
ラクダ	낙타	ナク タ
カササギ	까치	カッ チ
リス	다람쥐	タ ラムジュィ

植物

梅	매화	メ ファ
カーネーション	카네이션	カ ネ イション
木	나무	ナ ム
菊	국화	クッ クァ
桐	오동나무	オ ドン ナ ム
コスモス	코스모스	コ ス モ ス
桜	벚꽃	ポッ コッ
水仙	수선화	ス ソ ナ
杉	삼나무	サム ナ ム
竹	대나무	テ ナ ム
タンポポ	민들레	ミンドゥル レ
チューリップ	튤립	テュルリプ
ツツジ	진달래	チン ダル レ
ツバキ	동백	トン ベク
花	꽃	コッ
バラ	장미	チャンミ
ヒマワリ	해바라기	ヘ バ ラ ギ
松	소나무	ソ ナ ム
ムクゲ	무궁화	ム グン ファ
桃	복숭아	ポクスン ア
柳	버들	ポ ドゥル
レンギョウ	개나리	ケ ナ リ
モクレン	목련	モンニョン

206

仕事／スポーツ　일／스포츠
イル　スポチュ

仕事

医者	의사	ウィサ
運転手	운전기사	ウンジョン キ サ
エンジニア	엔지니어	エンジ ニ オ
会社員	회사원	フェ サ ウォン
ガイド	가이드	カ イ ドゥ
学生	학생	ハク セン
看護師	간호사	カ ノ サ
教授	교수	キョ ス
銀行員	은행원	ウ ネンウォン
警察官	경찰관	キョンチャルグァン
公務員	공무원	コン ム ウォン
自営業	자영업	チャ ヨン オプ
乗務員	승무원	スン ム ウォン
新聞記者	신문기자	シン ムン キ ジャ
スチュワーデス	스튜어디스	ス テュ オ ディ ス
セールスマン	세일즈맨	セ イル ジュ メン
先生	선생	ソン セン
大工	목수	モク ス
通訳	통역	トン ヨク
店員	점원	チョム オン
俳優	배우	ペ ウ
秘書	비서	ピ ソ
美容師	미용사	ミ ヨン サ
弁護士	변호사	ピョ ノ サ
薬剤師	약제사	ヤク チェ サ

スポーツ

打つ	치다	チ ダ
泳ぐ	수영하다	ス ヨン ハ ダ
蹴る	차다	チャ ダ
走る	뛰다 （달리다）	トゥイ ダ / タル リ ダ
剣道	검도	コム ド
ゴルフ	골프	コル プ
サッカー	축구	チュック
柔道	유도	ユ ド
水泳	수영	ス ヨン
スキー	스키	ス キ
スケート	스케이트	ス ケ イトゥ
相撲	씨름	シ ルム
選手	선수	ソン ス
体操	체조	チェ ジョ
卓球	탁구	タック
テニス	테니스	テ ニ ス
登山	등산	トゥンサン
バスケットボール	농구	ノン グ
バドミントン	배드민턴	ペ ドゥ ミントン
バレーボール	배구	ペ グ
ボウリング	볼링	ボル リング
マラソン	마라톤	マ ラトン
野球	야구	ヤ グ
ラグビー	럭비	ロッ ピ
陸上競技	육상경기	ユク サンキョンギ
レスリング	레슬링	レ スル リン

付録　単語と役に立つ表現

207

●著者
李蓮玉（リー ヨンオク）

早稲田大学第一文学部卒業。同大学大学院日本文学研究科修了。韓国の長安実業専門大学日本語科非常勤講師や東京外語専門学校日韓通訳科講師などを歴任。フリーの翻訳・通訳者として、日韓両国で活躍。

○著書
　『韓国の子供はどう韓国語を覚えるか』(はまの出版)、『間違いやすい日本語140（共著）』
　(韓国・進明出版社)、『別冊宝島北朝鮮大崩壊（共訳）』(宝島社) など

イラスト　関根庸子
編集／DTP　㈲テクスタイド
編集協力　㈲リンガネット
ナレーション　金炫喜、朴鍾厚、金是媛

CDレッスン
驚くほど身につく韓国語

著　者　李蓮玉
発行者　髙橋秀雄
発行所　高橋書店
　　　　〒112-0013　東京都文京区音羽1-26-1
　　　　編集 TEL 03-3943-4529 ／ FAX 03-3943-4047
　　　　販売 TEL 03-3943-4525 ／ FAX 03-3943-6591
　　　　振替 00110-0-350650
　　　　http://www.takahashishoten.co.jp/

ISBN978-4-471-11218-9
Ⓒ TAKAHASHI SHOTEN　　Printed in Japan
定価はカバーに表示してあります。本書の無断複写は著作権法上での例外を除き禁止されています。
本書のいかなる電子複製も購入者の私的使用を除き一切認められておりません。
また本書および付属のディスクの内容を、小社の承諾を得ずに複製、転載、放送、上映することは法律で禁止されています。無断での改変や、第三者への譲渡、販売（パソコンによるネットワーク通信での提供なども含む）、貸与および再使用許諾も禁じます。

造本には細心の注意を払っておりますが万一、本書および付属品にページの順序間違い・抜けなど物理的欠陥があった場合は、不良事実を確認後お取り替えいたします。下記までご連絡のうえ、必ず本書と付属ディスクを併せて小社へご返送ください。ただし、古書店等で購入・入手された商品の交換には一切応じません。

※本書についての問合せ　土日・祝日・年末年始を除く平日9：00～17：30にお願いいたします。
　内容・不良品／☎03-3943-4529（編集部）
　在庫・ご注文／☎03-3943-4525（販売部）

※図書館の方へ　付属ディスクの貸出しは不可とし、視聴は館内に限らせていただいております。